Abenteuer ESKAPADEN

AUSZEIT  AUSGLEICH

Wochenende

LÄCHELN

STADT. LAND. FLUSS.

FREE

LEICHTIG-KEIT

ERLEBEN

GRÜN Kleine Fluchten

Wege Lebensfreude NATUR

GLÜCK

von Anne Steinbach und Clemens Sehi

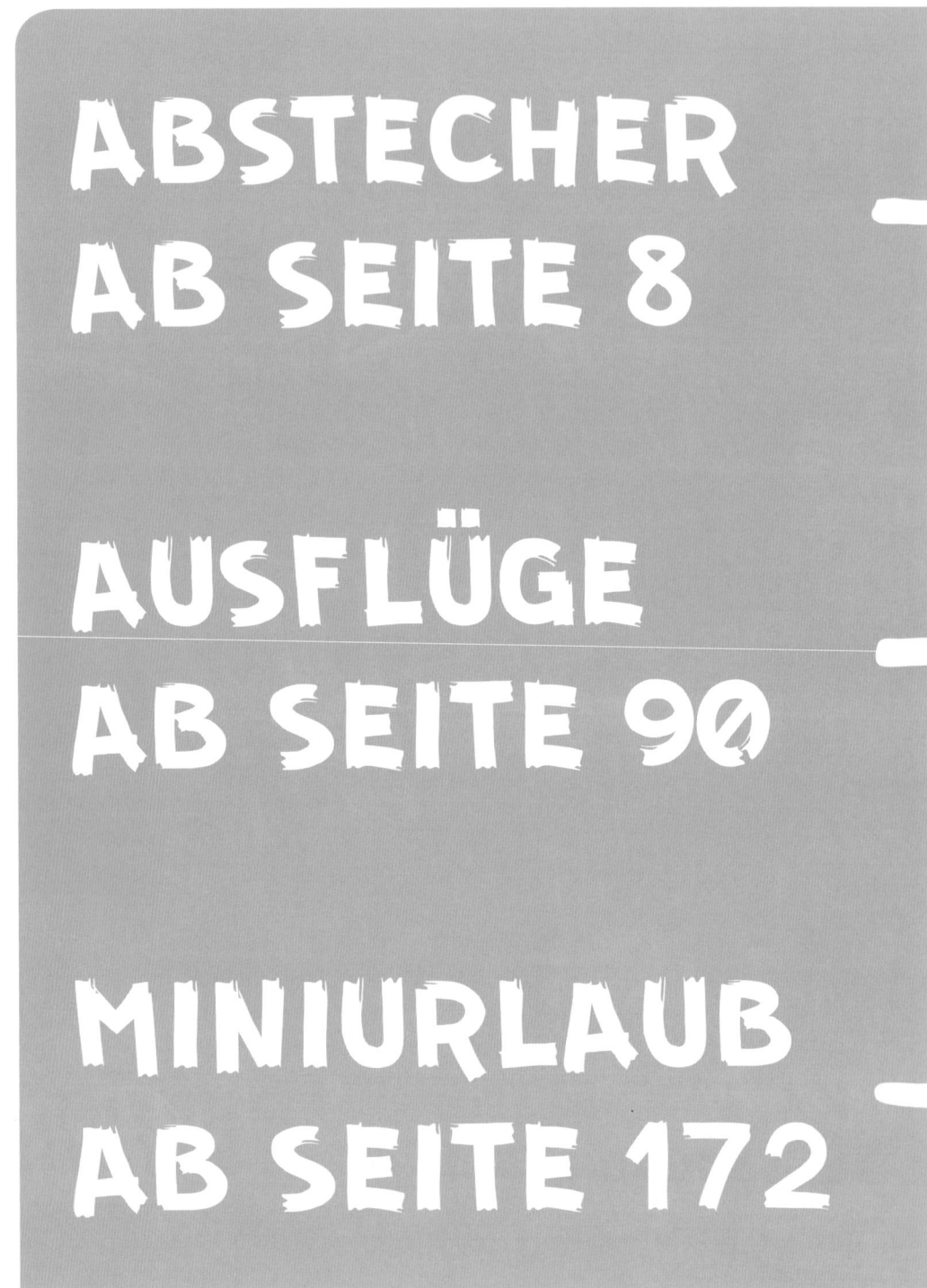

Nur ein paar Stündchen

Nix wie raus, ganz schnell ins Grüne. Auch mit wenig Zeit lässt sich Großartiges erleben. Kleine und große Abenteuer warten direkt vor der Haustür.

4 H

Raus für einen Tag

Man muss nicht das Land verlassen, um neue Welten zu entdecken. Einfach mal einen Tag lang raus aus dem Alltagsallerlei und rein in die Natur.

12 H

Ferien für ein Wochenende

Warum auf die große Auszeit warten, wenn man einen Wochenendtrip in der Nähe machen kann? Vergnügen, Abenteuer und Wohlgefühl kompakt und intensiv.

36 H

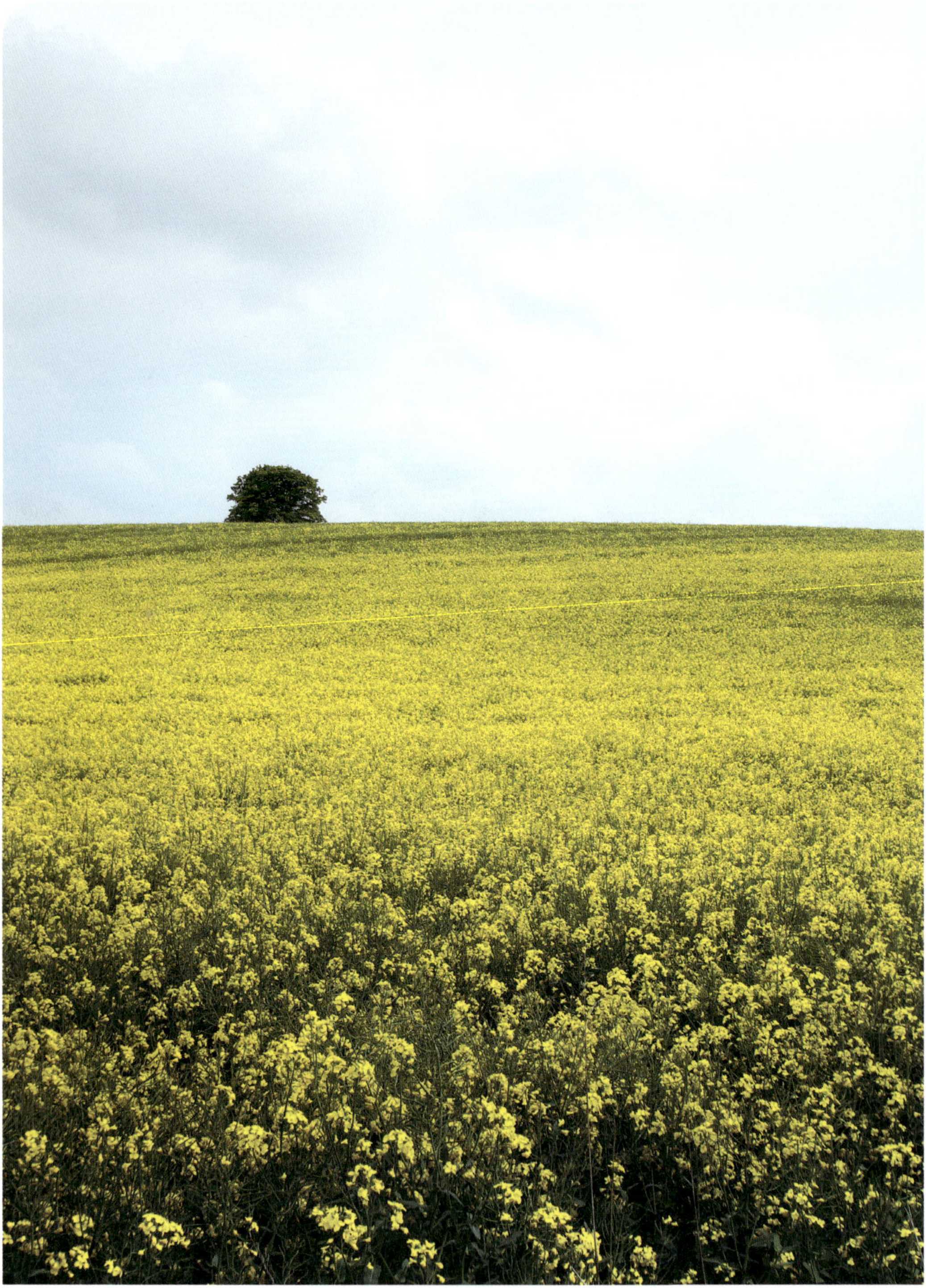

LIEBE LESERIN, LIEBER LESER.

wer Natur sucht, ist im Barnim und in der Uckermark richtig. Vor den Toren Berlins wartet eine
Wundertüte an kleinen und großen Fluchten
für Naturburschen und Räubertöchter, Auszeit-
nehmer und Hobbyentdecker.

Ob Sonnenlümmeln am See oder Wandern durch
eiszeitliche Buchenwälder. Ob Rumhipstern in
Berlins geheimem 13. Bezirk oder Zeitreisen
in verschlafene Dörfer. Hinter jedem Blatt und
jedem Kopfsteinpflaster warten Aktivitäten und
Passivitäten. Für alle, die mal wieder rausmüs-
sen, egal ob zum Austoben oder Abschalten.

Die besten Eskapaden von Barnim
bis Uckermark präsentieren Ihnen,
dir und euch

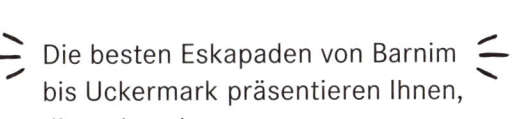

PS: Informationen zum GPX Download gibt's auf Seite 224.

AUSZEIT.
ABENTEUER.
LEBENSFREUDE.

1. KAPITEL
ABSTECHER

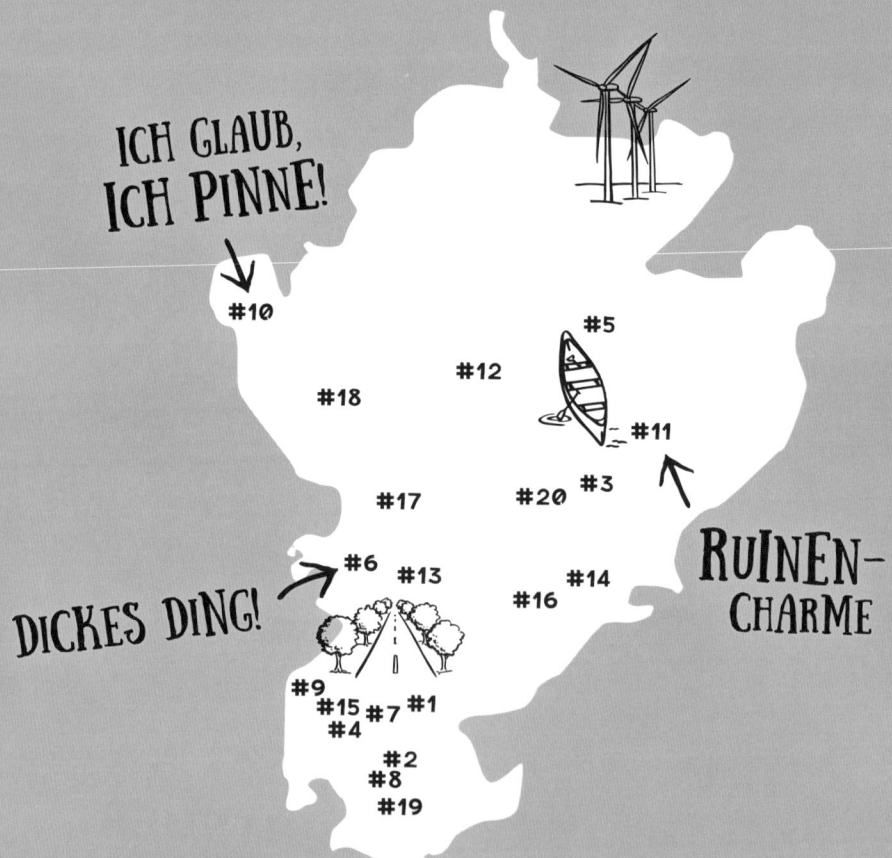

ICH GLAUB,
ICH PINNE!

DICKES DING!

RUINEN-
CHARME

Nur ein paar Stündchen

Eine uralte Buche besuchen, bei der Pflaumenernte die Herbstsonne auf der Nase spüren und in dichte Wälder abtauchen – kleine, aber feine Abenteuer.

4H

BLATT-GEFLÜSTER

⎬ ... im Biesenthaler Becken ⎨

Man lacht ja immer darüber, wenn gesagt wird, dass die Stadtluft einem nicht guttut. Na ja, andererseits: Wenn die Japaner sogar Waldspaziergänge verschrieben bekommen, dann muss vielleicht doch etwas dran sein. Ein selbst verordnetes Bad im Frühlingswald.

Viel höher geht's kaum! Vom Blick
nach oben kann man im Biesenthalter
Becken nie genug bekommen.

Nur wenig Licht kommt durch die dichten Baumkronen im Basdorfer Wald. Doch die Lichtstrahlen, die es hindurchschaffen, werfen kleine Schatten auf sandigen unberührten Boden. Jetzt einmal tief durchatmen und dem lauschen, was man sonst so selten hat: absolute Ruhe.

Die Japaner haben eine Bezeichnung dafür: *Shinrin Yoku,* was übersetzt so viel bedeutet wie Waldbaden. Dahinter verbirgt sich ein richtig ausgedehnter Spaziergang durch den Wald, bei dem man die Geräusche und die Natur um sich herum intensiv wahrnimmt.

Die Tour durch das Biesenthaler Becken startet in der Straße Am Heideberg. Von hier aus weist der rote Balken an den Bäumen den Wanderweg. Zunächst geht es in Richtung Mechesee über die Hellmühle durch dickes Geäst und entlang alter Bäume. Hier heißt es, wirklich einmal zuzuhören, was der Wald von sich gibt. Was passiert um einen herum? Was sieht man? Und was bleibt Geräuschkulisse?

Naturgeschichte hautnah erleben und Relikte aus der Eiszeit am Wegesrand begutachten.

Ab März kann man hier den Kranichpaaren lauschen, die freudig vor sich hin turteln. Im beginnenden Frühling fliegen sie aufgeregt durch die Luft und begrüßen mit ihren markanten Rufen die neue Jahreszeit. Besonders gut kann man sie an der Waldkante hören, von der aus der Blick auf die Niederungsflächen geradezu unendlich erscheint.

Dann geht es weiter und vor allem tiefer in den Wald hinein. Hier hat man nun die Möglichkeit, noch einmal das zu tun, was für viele Japaner schon völlig normal geworden ist: den Wald spüren. Selbst wenn sich die Berührung eines Baumes anfangs vielleicht ein bisschen seltsam anfühlt – nimmt sie einem womöglich doch ein wenig von dem Stress, den man im Alltag ständig hat?

Die roten Balken führen weiter über das Pfauenfließ und an der Weggabelung im Wald rechts über den Zweibrückenweg. Von nun an sind es nicht nur Bäume, die einen umgeben, sondern vor allem auch einzigartige Moorlandschaften, deren knalliges Grün bei genauem Hinsehen immer wieder durch den dichten Wald scheint.

Jetzt ist es nicht mehr weit bis zur Hellmühle. Von hier aus geht es dem roten Balken hinterher in Richtung Mechesee. Dabei das Ein-

Und, ist die Natur schon aufgewacht? Mitten im Wald einmal ganz bewusst ihre Bewegungen, Gerüche und Geräusche wahrnehmen.

atmen nicht vergessen, denn darauf legen die Japaner sehr viel wert. *Shinrin Yoku* ist eben nicht nur ein Waldspaziergang, sondern die intensive und bewusste Wahrnehmung von Natur. Die zeigt sich übrigens auf den letzten Metern noch einmal in ihrer vollen Pracht, denn jetzt zieren Mischwälder mit stattlichen Buchen den Wegesrand. Ein bestimmtes Ziel hat dieser Spaziergang nicht, außer mal wieder zu entspannen und abzuschalten und sich nach ein paar Stunden in der Natur wie nach einem zweiwöchigen Urlaub in der Sonne zu fühlen. Bei wem sich das Gefühl noch nicht eingestellt hat, der kann auch einfach in den Mechesee springen und den Sommer herbeirufen. Alle anderen können über den Berlin-Usedom-Weg, der mit dem grünen Wanderbalken markiert ist, zurück zum Ausgangspunkt spazieren.

Hin & weg: Mit der Regionalbahn bis nach Biesenthal und dann weiter bis zum Startpunkt Am Heideberg, den man ganz einfach über die Bahnhofstraße und die Berliner Straße erreicht.

Dauer & Strecke: Ca. 4 Std. ohne An- und Abreise, Einkehr und Badestopp. 12 km Rundweg.

Beste Zeit: Im März, wenn der Wald die Rufe der Kraniche ordentlich hallen lässt.

Ausrüstung: Bequeme Schuhe und leckerer Proviant. Badesachen für alle, die schon den Sprung in den See wagen wollen.

FAZIT: AUCH WENN ES NUR EIN PAAR STUNDEN SIND, FÜHLT SICH DIESER ABSTECHER AN WIE EIN VERLÄNGERTES URLAUBSWOCHENENDE.

MITTEL-ALTER ZUM ANFASSEN

 ... ein Spaziergang entlang Bernaus Stadtmauer

#2

Raus aus der Bundeshauptstadt und rein ins Barnim. Das nur zehn Kilometer nördlich von Berlin gelegene Bernau gilt als Tor zum Naturpark Barnim. Vor allem aber lädt die urige Stadt zu einer ausgiebigen Erkundung entlang der mittelalterlichen Stadtmauer ein.

Manchmal lohnt es, nach oben zu schauen, denn dort verbergen sich die allerschönsten Details, wie hier ein wunderbares Gemälde. Der Park im Herzen der Stadt lockt Fußgänger und Mittagspausenmacher.

Lust auf eine Verschnaufpause vom quirligen Berlin? Dann ab nach Bernau! Das geht sogar mit der Berliner S-Bahn. Die Erkundungstour durch die über 700 Jahre alte Stadt beginnt man am besten am Bahnhof von Bernau, wo die erste S-Bahn bereits 1924 einfuhr.

Genug gestaunt? Dann ist das nächste Highlight gar nicht weit. Wer dem Bahnhofsplatz zur Breitscheidstraße folgt, steht schon direkt davor. Neben dem ohnehin hübsch anzusehenden Alten Kaiserlichen Postamt, erbaut ab 1904, sollte man ein kleines Detail auf keinen Fall verpassen: den alten Briefkasten, der sich noch heute davor befindet.

Keine hundert Meter weiter erhebt sich eines der markantesten Bauwerke Bernaus an der Ecke Börnicker Straße / Ulitzkastraße. Die Herz-Jesu-Kirche ist eine einschiffige Hallenkirche, die 1908 im Stil norddeutscher Back-

Wenn aus der alten Post eine Eisdiele mit hausgemachtem Eis wird, dann ist die Pause nach dem Spaziergang gesichert.

steingotik errichtet wurde und deren Turm 66 Meter in den Bernauer Himmel ragt.

Weiter geht es durch den ruhigen Külzpark zum Steintor und damit zu einem historisch besonders wichtigen Teil der imposanten Bernauer Stadtmauer. Schließlich handelt es sich um das letzte der drei Stadttore, die in die acht Meter hohe und rund 1,3 Kilometer lange Feldsteinmauer aus dem 14. Jahrhundert eingebaut waren. Das massive Steintor am östlichen Ende der Berliner Straße hat an Pracht nichts verloren. Durch zwei Wehrgänge ist es mit dem Hungerturm verbunden, der erst seit 1994 bestiegen werden darf und einen tollen Ausblick auf den ganzen Stadtkern bietet.

Von hier aus kann man nach Lust und Laune an der Stadtmauer entlangspazieren und dabei immer weiter in die Geschichte Bernaus eintauchen. Noch heute zeugen die Stadtmauer wie die Wallanlagen von den frühen Verteidigungsmaßnahmen, um die Stadt zu schützen. Übrigens, ein Teil des dreifachen Wall- und Grabensystems lässt sich zwischen Schwanenteich und Mühlenstraße besonders gut erkunden und gibt dabei einen Eindruck davon, wie wuchtig und unüberwindbar die Wallanlagen damals gewesen sein müssen. Weiter geht es zu einem besonders schönen Fachwerkhaus aus dem 18. Jahrhundert, das man an einem Ort findet, der im Volksmund Katzenellenbogen genannt wird. Süß, oder?

Kleiner kulinarischer Tipp: Wer nach dem Sighseeing Lust auf eine Erfrischung hat, kann sich auf dem Rückweg zum S-Bahnhof mit einem Eis belohnen. In der ehemaligen Post lockt die Eismanufaktur Alte Post mit selbst gemachtem Eis in allen nur erdenklichen Geschmacksrichtungen.

FAZIT: IN DER BERNAUER ALTSTADT TRIFFT ALT AUF NEU. DAS MITTELALTERLICHE KLEINOD KANN MAN AM BESTEN BEI EINEM SPAZIERGANG KENNENLERNEN.

Hin & weg: Ab Berlin Nordbahnhof mit der S2 nach Bernau.

Dauer & Strecke: 2–3 Std. Ca. 2 km.

Beste Zeit: Ganzjährig.

Ausrüstung: Gemütliches Schuhwerk.

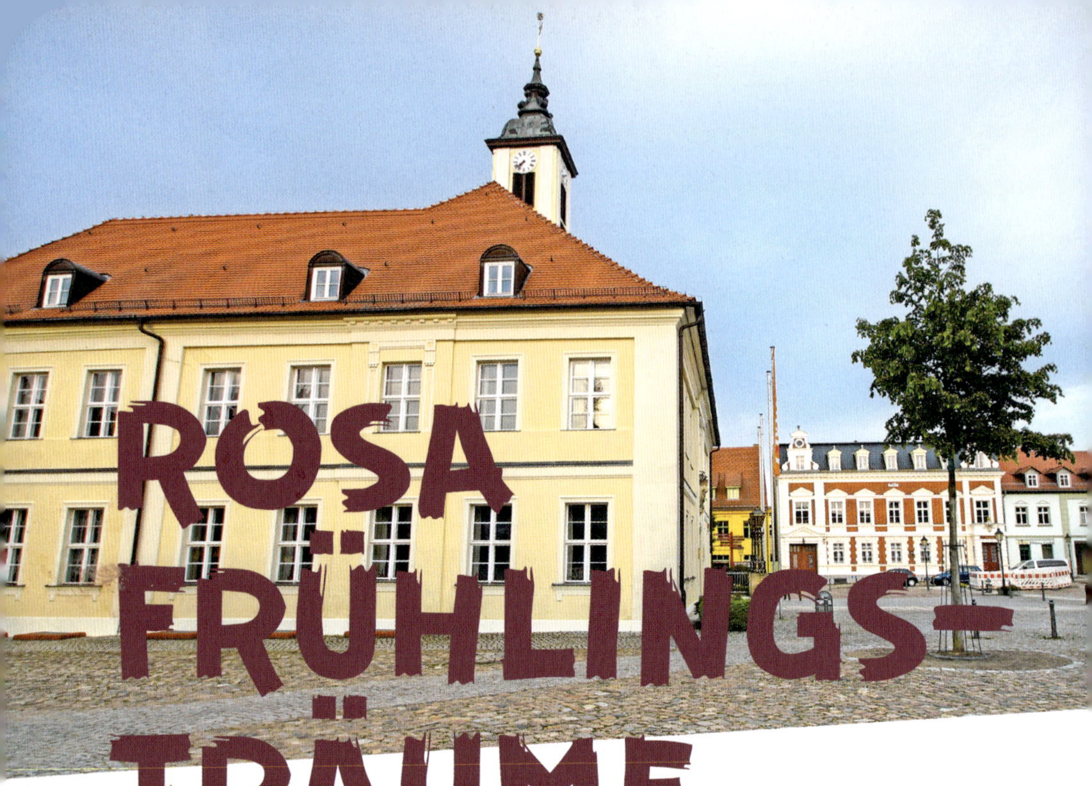

ROSA FRÜHLINGS-TRÄUME

… zur Kirschblüte in Angermünde

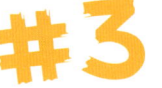

#3

Mitte Mai erstrahlen die Kirschbäume in der historischen Altstadt von Angermünde in voller Blüte. Spätestens dann ist klar, dass der Sommer vor der Tür steht. Bis dahin genießt man den Anblick der rosaroten Bäume bei einem Spaziergang durch die Stadt.

#prettyinpink #AltstadtLiebe #KirschMomente #vomFachwerk

Pretty in Pink! Angermünde schmückt sich alljährlich im Frühling mit den schönsten Rosatönen.

Wenn das Kopfsteinpflaster in der Sonne glänzt, dann ist der Tag perfekt, um Angermünde kennenzulernen. Die Stadt im Südosten der Uckermark kratzt nicht nur förmlich am 1291 Quadratkilometer großen Biosphärenreservat Schorfheide-Chorin, sondern ist auch einer von 31 Orten in Brandenburg, der noch einen historischen Stadtkern hat.

Im Krieg kaum zerstört, kann man heute noch erahnen, wie sich der Alltag hier vor etlichen Jahren abspielte. Schon im 12. Jahrhundert, so sagt man, lebten hier hauptsächlich Ackerbauern und Handwerker in Parzellen, die bis heute anhand der geschmiedeten Aufhänger an den Häuserwänden erkennbar sind.

Zur Zeit der Kirschblüte erstrahlt Angermünde noch einmal in einem ganz anderen Licht. Dann wirken die Kronen der rosafarbenen Kirschbäume wie kleine Farbtupfer in der Rosenstraße. Diese führt vom weitläufigen kopfsteingepflasterten Marktplatz aus direkt hinein in die historische Altstadt.

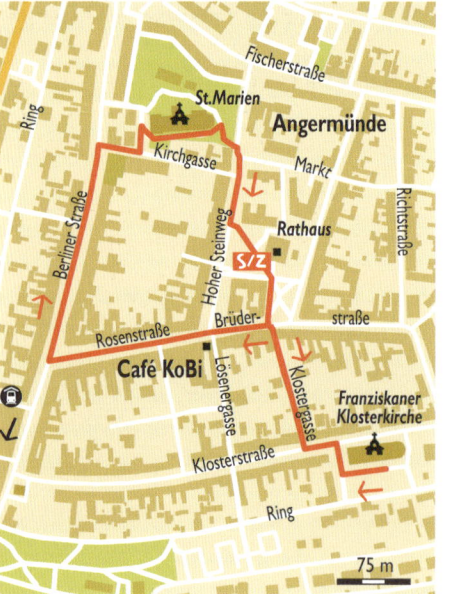

Wie es hier wohl früher war? Bei diesen wunderschönen Fachwerkhäusern kann man sich das sehr genau vorstellen und die Kutschen förmlich klackern hören.

Vom historischen Kern aus geht es durch die schon seit dem Mittelalter fast quadratisch angeordnete Stadt zur Sankt-Marien-Kirche, die sich bis heute den echten Feldsteinkirchencharme bewahrt hat. Dieser ist nicht nur typisch für die Region, sondern auch das Markenzeichen von Angermünde. Wer Glück hat, bekommt ein kleines Privatkonzert vom Orgelmeister persönlich, der seine Wagner-Orgel wie kein anderer beherrscht.

Die perfekten Kontraste dazu bilden die Fachwerkhäuser aus dem 17. und 19. Jahrhundert, die mit ihren hellen Fassaden und den dicken Holzbalken alle Blicke auf sich ziehen. Dies ist der ideale Ort, um einfach nur die Straße entlangzuschlendern, den Blick stets auf die strahlenden Kirschbäume gerichtet, die einmal quer durch die Stadt duften.

Wieder am Marktplatz angelangt, legt man am besten eine kleine Pause in einem der Cafés am Rande ein. Anschließend geht es von hier aus noch einmal in die andere Richtung, nämlich zum Franziskanerkloster. Ab Mai öffnet die 700 Jahre alte Klosterkirche ihre Pforten und begrüßt ihre Gäste sogar mit romantischen Konzerten.

Hin & weg: Mit der Regionalbahn RE3 gibt es eine stündliche Verbindung vom Berliner Hauptbahnhof nach Angermünde.

Dauer & Strecke: 1 Std., mit Besichtigungen, Einkehr im Café und Besuch von Gut Kerkow geht mehr Zeit ins Land. 2 km.

Beste Zeit: Mitte Mai erstrahlen die Kirschbäume in vollem Glanz.

Ausrüstung: Eine Kamera, um schöne Kirschblütenfotos zu schießen.

Von hier aus ist es nicht weit bis zur historischen Altstadt. Wer einmal bei der Kirschblüte in Angermünde war, der verlässt die Stadt nicht, ohne einen letzten Blick auf die knalligen Bäume zu werfen. Hach, wie schön!

Tipp: Kurz hinter dem Ortsausgang von Angermünde befindet sich der Hof von Starköchin Sarah Wiener, Gut Kerkow. Im Hofladen werden nicht nur regionale Spezialitäten angeboten, sondern auch Fleisch vom Angusrind in allen Varianten von der hofeigenen Farm.

FAZIT: ANGERMÜNDE ERSTRAHLT ZUR KIRSCHBLÜTE IN PINK UND VERPASST DER ALTSTADT EIN GANZ BESONDERES FLAIR, DAS MAN NICHT VERPASSEN SOLLTE.

WO DIE GENOSSEN WOHNTEN

⇒ ... Besuch in der Waldsiedlung Wandlitz ⇐

#4

Seit Juni 2017 steht die ehemalige Wohnsiedlung der SED-Elite bei Bernau unter Denkmalschutz. Während ein Großteil des Areals bis heute unverändert ist, blieben in manchen Gebäuden sogar Teile der Originalausstattung erhalten. Perfekt für einen Kurztrip zurück in die DDR.

Kleine Details der DDR haben hier überlebt. Am besten entdeckt man sie auf eigene Faust bei einem Rundgang durch die weitläufige Anlage.

In der DDR-Siedlung Wandlitz lebte die politische Elite abgeschottet vom Rest des Volkes. Was ist dran an den Gerüchten von prächtigen Luxuspalästen und goldenen Wasserhähnen? Davon kann man sich heute selbst ein Bild machen. Die 1,5 Quadratkilometer große Waldsiedlung liegt an der Bundesstraße 273 zwischen Wandlitz und Bernau. Am besten startet man den Rundgang am ehemaligen Haupteingang und Wachposten des früheren Innenrings der Siedlung. Von hier lässt sich das Areal in alle Richtungen zu Fuß erkunden.

Was einem sofort auffällt: Neben neu gebauten Rehakliniken und Wohnhäusern blieben von der damaligen Wohnsiedlung viele Gebäude erhalten. Denn mit dem Tag der Wiedervereinigung am 3. Oktober 1990 begann ein umfassendes Bau- und Renovierungspro-

gramm. Wer die Häuser der einstigen SED-Funktionäre mit eigenen Augen sehen will, der folgt der Straße des Haupteingangs bis zur Kreuzung und spaziert dort nach rechts weiter. Nun biegen nach links mehrere Seitenstraßen ab, an denen sich die großen Wohnhäuser wie auf einer Perlenkette aneinanderreihen, von der ehemaligen Residenz von Egon Krenz über jene von Erich Mielke bis hin zu der Günter Schabowskis. Auch das ehemalige Zuhause von Erich Honecker kann man besichtigen – wenn auch nur von außen, denn drinnen wohnen schon längst andere Mieter. Zu finden ist das damalige Haus 11 im heutigen Habichtweg 5.

Lange Zeit fehlte es vor Ort an fundierten Informationen zur Geschichte der Siedlung und zu den früheren Bewohnern. Heute helfen

Informationstafeln, welche im Rahmen der Sonderausstellung »Waldsiedlung Wandlitz« des Wandlitzer Naturparkzentrums Barnim Panorama aufgestellt wurden. Mit ihren detaillierten Erläuterungen machen sie die Erkundung der Waldsiedlung zu einer Art historischer Schnitzeljagd.

Und außerhalb des früheren Wohngebietes? Wer weiter aus den Straßen der abgelegenen alten Wohnsiedlung herausläuft, erreicht die Parkallee. Diese könnte treffender nicht heißen, denn man steht plötzlich mitten im Grünen. Und das ist nicht die einzige von ihnen, denn Grünflächen gibt es in der Waldsiedlung viele. Der Name kommt also nicht von ungefähr.

Wen jetzt der Hunger überkommt, der sollte der Parkallee weiter in Richtung Süden folgen und dann nach links in die Brandenburgallee abbiegen. Nach weiteren fünf Gehminuten lädt das Gasthaus Schulz in der Offenbachstraße 160 zu allerlei Spezialitäten ein. Oder wie wär's mit ein paar Kugeln Eis im Strandkorb auf der Terrasse? Dazu hätten sicher auch die SED-Funktionäre nicht Nein gesagt.

In Wandlitz lässt sich ein Stück Geschichte im Grünen erleben.

> **FAZIT: EIN BESUCH IN DER WALDSIEDLUNG WANDLITZ IST EIN SPANNENDER AUSFLUG IN DIE OSTDEUTSCHE VERGANGENHEIT ZU KRENZ, ULBRICHT, HONECKER UND CO.**

Hin & weg: Mit der S-Bahn nach Bernau und weiter mit der Buslinie 894 der Barnimer Busgesellschaft bis zur Waldsiedlung.

Dauer: Ganz nach Belieben, ca. 2–3 Std.

Beste Zeit: Ganzjährig.

Ausrüstung: Gemütliche Schuhe.

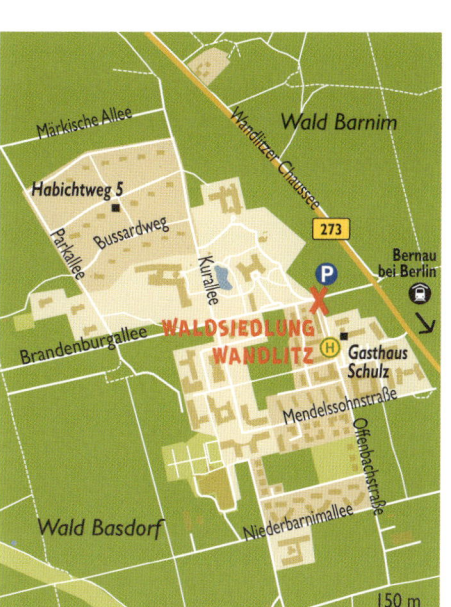

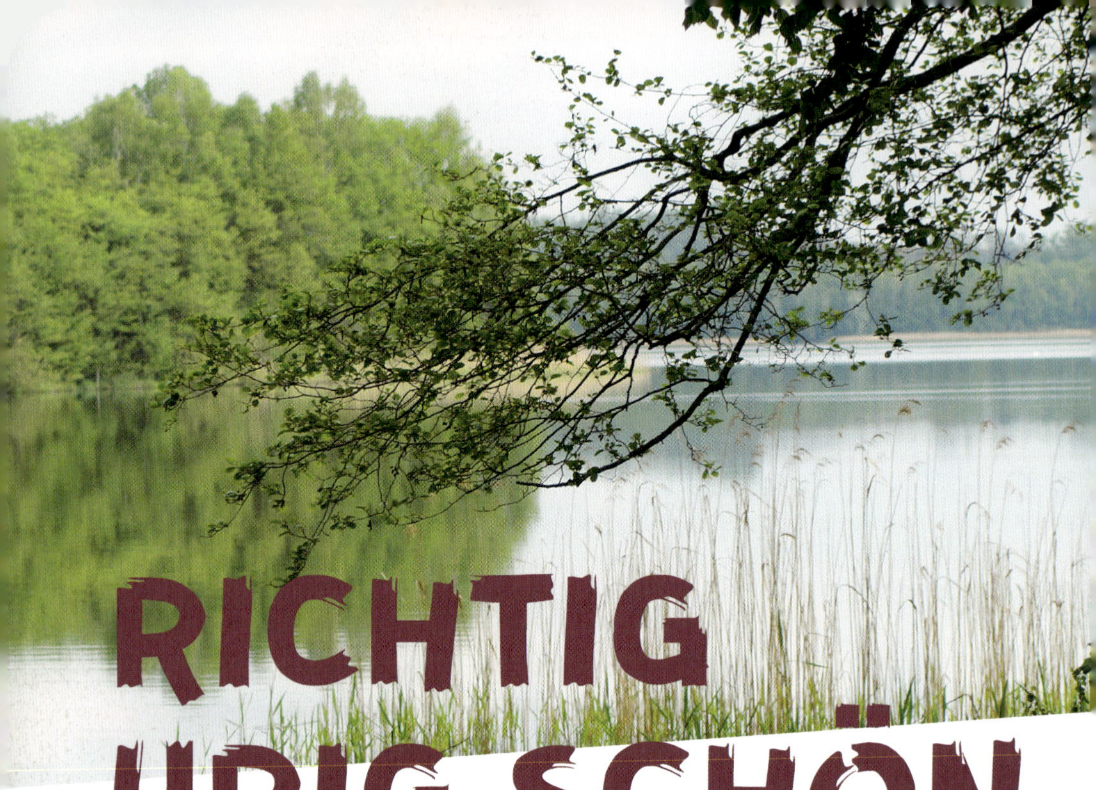

RICHTIG URIG SCHÖN

… ein Spaziergang durch Gramzow

#5

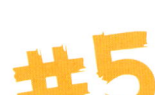

Eine Auszeit für Groß und Klein im ältesten Ort der Uckermark: Die Gemeinde Gramzow, 1178 zum ersten Mal erwähnt, lockt mit einer prächtigen Klosterruine, einem schnuckeligen Eisenbahnmuseum und einer handfesten Brot- und Wurstzeit mit Ausblick.

#keinGramzowzuviel #WurstundBrot #Draisine #Eisenbahnmuseum

Das ist er, der perfekte Startpunkt für einen Spaziergang durch das kleine Dörfchen Gramzow.

→ ABSTECHER...

Während schon die Anfahrt durch die abwechslungsreiche Landschaft mit vielen abgelegenen Seen und kleinen Hügeln, Teichen und Bächen den Puls runterbringt, ist der Ort Gramzow, etwa 13 Kilometer von der Kreisstadt Prenzlau entfernt, ein echter Ruhepol, der sich ideal für eine mehrstündige Erkundungstour eignet.

Absoluter Lieblingstipp: Für eine rund dreistündige Erkundung Gramzows sollte man sich am besten gleich zu Beginn mit Proviant versorgen. Das geht besonders gut in der zentral gelegenen Bäckerei Schmidt. Sie ist für ihre Backkunst nicht nur mit Preisen ausgezeichnet worden, sondern beliefert auch mehrere umliegende Städte in der Uckermark mit ihrem herrlich frischen Brot, Guten-Morgen-Brötchen und leckerem Gebäck.

Der erste Stopp ist jener Bau, der das Alter des Ortes am besten charakterisiert: die gigantische Klosterruine, deren geschichtsträchtige Silhouette schon aus der Ferne zu

Hier trifft Industrie auf Natur: Das ist die typisch uckermärkische Idylle, die aus der Region nicht wegzudenken ist.

erkennen ist. Die dreischiffige Klosterkirche aus Backstein wurde im 14. Jahrhundert erbaut, fiel 1714 aber einem Brand zum Opfer. Lediglich eine Ruine ist geblieben und daneben der heutige Klosterplatz, der zum kurzen Verweilen und Staunen einlädt.

Auch ein Blick auf die evangelische Stadtkirche Sankt Marien Gramzow lohnt sich: Es handelt sich dabei um einen rechteckigen Feldsteinbau mit querrechteckigem, durch ein Satteldach zwischen Giebeln abgeschlossenem Westturm.

Wer keine Lust auf einen Spaziergang hat, kann sich zur Erkundung Gramzows auch aufs Rad schwingen.

Weiter geht es durch eine ruhige Wohngegend zur Metzgerei Gramzower Landgut, wo man sich mit hausgemachten Knackern versorgen kann. Nun ist das Eisenbahnmuseum Gramzow nicht mehr weit. Es zeichnet die 100-jährige Entwicklungsgeschichte der Klein- und Privatbahnen in Deutschland nach und begeistert mit Ausstellungen zum Gleisbau und Werkstätten – auch im Freien vor dem Museum. Denn dort steht die eine oder andere Lokomotive, die schon beim ersten Anblick Geschichten von längst vergangenen Zeiten erzählt. Lust, mal eine Draisine zu fahren? Hier bekommen auch die großen Besucher schnell wieder kindliche Züge.

Spätestens jetzt hat man sich eine Brotzeit verdient. Wie praktisch, dass die Grünfläche rund um das Museum wie gemacht dafür ist, die erstandenen Gramzower Back- und Wurst-spezialitäten noch vor Ort zu verputzen. Der Blick fällt dabei übrigens auf den eindrucksvollen und unter Denkmalschutz stehenden Getreidespeicher gegenüber. Und wenn es mit dem Sightseeing reicht? Dann lässt es sich im nahen Haussee oder im benachbarten Cantor-See wunderbar baden und ausruhen.

FAZIT: EINE ERKUNDUNGSTOUR ZWISCHEN KLOSTERRUINE UND SAFTIGEN KNACKERN.

Hin & weg: Ab Prenzlau mit den Bussen 403, 431 oder 432 bis Gramzow.

Dauer & Strecke: Ca. 3 Std. Rund 6 km.

Beste Zeit: Frühling und Sommer.

Ausrüstung: Unbedingt genügend Hunger für die lokalen Spezialitäten mitbringen.

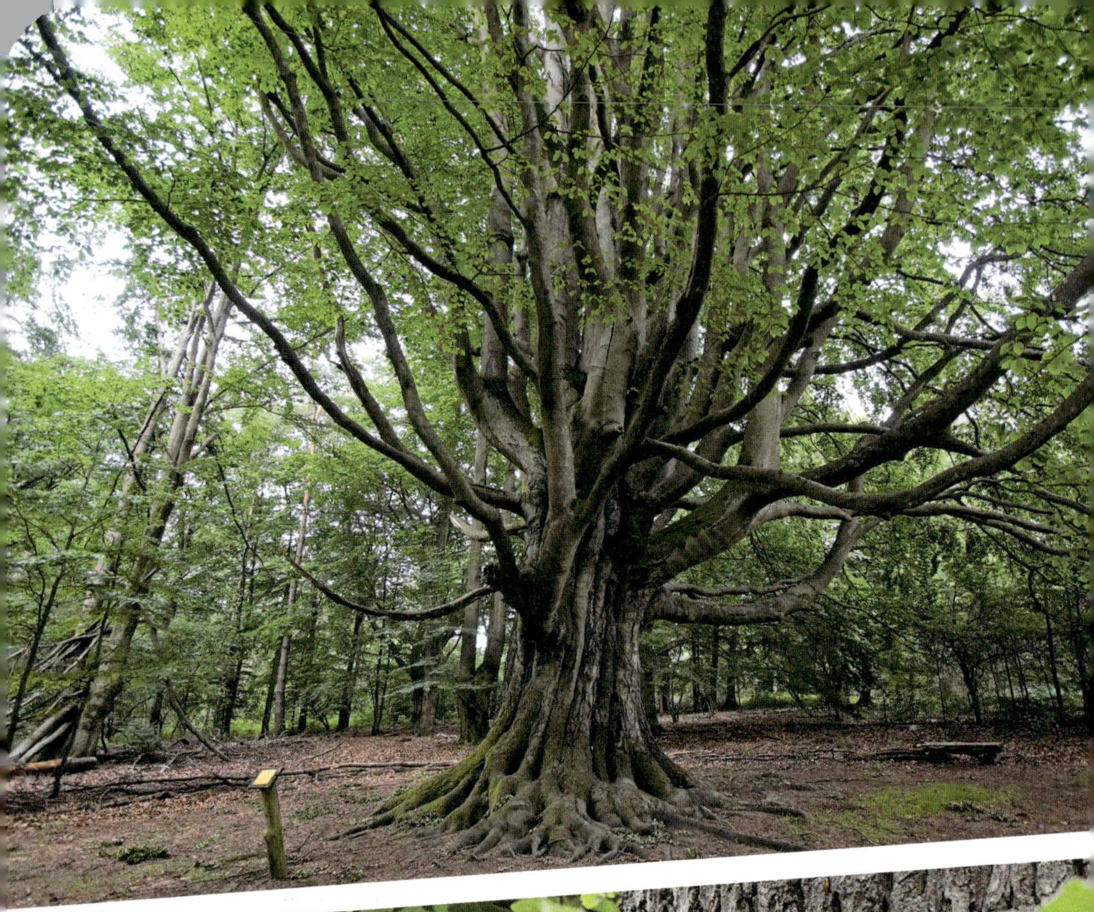

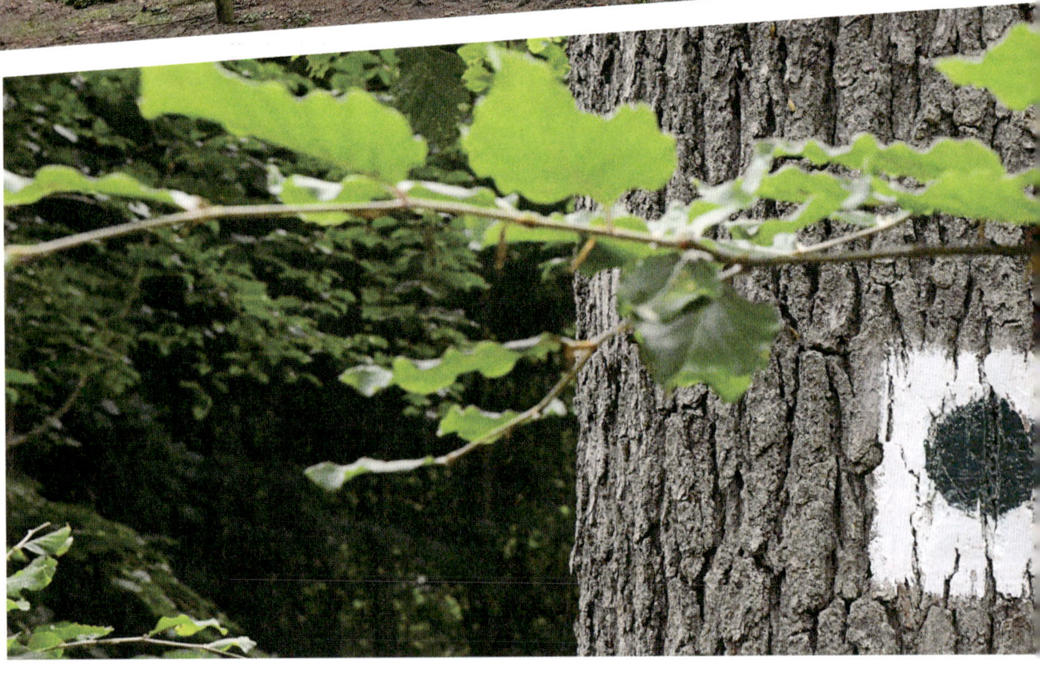

ZUR ALTEN SILKE

⇒ ... durch die Schorfheide zur Silkebuche ⇐

#6

Die älteste Buche Brandenburgs steht versteckt inmitten der Schorfheide. Sprechen kann sie nicht, und doch weiß sie ihren Besuchern so einiges über alte Zeiten und längst vergangene Tage zu erzählen. Das macht den mächtigen Laubbaum zu einem lohnenswerten Ziel für eine Naturwanderung.

#300Jahrealt #Stammhalter #Zeitzeuge #altwieeinBaum

Nicht nur Rotwein wird mit dem Alter immer besser, sondern auch Bäume. Ein perfektes Beispiel dafür ist die alte Silke, stimmt's?

»Mensch, du bist ja ein echter Jungspund!« So oder so ähnlich würde die Silkebuche mit ihrem Alter von geschätzt 300 Jahren wohl jeden Besucher begrüßen, wenn sie denn reden könnte. Die stattliche Rotbuche steht am Rand der Schorfheide bei Groß Schönebeck, östlich der Pinnowseen. Wer ihr im Rahmen einer elf Kilometer langen Rundtour einen Besuch abstatten möchte, startet seinen Spaziergang am besten in Eichhorst, und zwar auf dem Parkplatz am Ortsausgang in Richtung Groß Schönebeck.

Von hier aus folgt man der Ausschilderung mit dem grünen Punkt. So geht es zuerst entlang der Seerandstraße in Richtung Joachimsthal bis zum Beginn der Schwarzen Bahn auf der linken Straßenseite. Nun gilt es, diesem Weg etwa zweieinhalb Kilometer bis zum Damm,

einer alten Pflasterstraße, zu folgen und dort nach links abzubiegen. Nach nur 500 Metern verlässt man ihn schon wieder und hält sich dabei abermals links. Jetzt geht es rund zwei Kilometer mitten durchs Grün, wo die Sonne mit den Blättern hoch oben ein kleines Schattenspiel veranstaltet.

Auf der linken Seite auf einem klitzekleinen Wildacker befindet sich das Ziel der Wanderung: Einen Schritt weiter ins Geäst, und schon entdeckt man die riesige Silkebuche, felsenfest im Boden verankert. Die Königin der Schorfheide ist wahrlich nicht zu übersehen. Vor allem überrascht die größte Buche Brandenburgs mit ihrem Umfang von sechseinhalb Metern, einem prächtigen Baumstamm und – zur richtigen Jahreszeit – mit einem ebenso imposanten Blätterdach.

Der Rückweg führt erst einmal 500 Meter zurück, wo man nach rechts auf den Eichheider Weg abbiegt. Diesem etwa vier Kilometer folgen und sich dabei immer weiter geradeaus halten, bis man wieder die Schwarze Bahn erreicht. Hier nach rechts abbiegen, und schon ist man wieder an der Seerandstraße in Eichhorst angelangt.

Diese schöne Wanderung im Grünen ist ein Leichtes – besonders, wenn man bedenkt, was wir alle für die Silkebuche sind: echte

Versteckt im Wirrwarr der Baumgiganten, wartet die Königin des Waldes nach ein paar Kurven am Ende des Wanderwegs. Die Silkebuche setzt seit Jahrhunderten neue Maßstäbe.

Jungspunde. Jetzt ist nur noch die Frage, von wo aus man den besten Blick auf sie hat.

> **FAZIT: EIN 300 JAHRE ALTES NATURDENK-MAL MIT SO VIEL CHARAKTER, DASS ES GROSS UND KLEIN ZUM STAUNEN EINLÄDT.**

Hin & weg: Ab Berlin Hauptbahnhof mit dem RE3 (Schwedt) nach Eberswalde. Von dort mit dem Bus 910 nach Finowfurt und weiter mit dem Bus 905 nach Eichhorst.

Dauer & Strecke: Ca. 2 Std. 11 km Rundweg.

Beste Zeit: Im Frühling steht die Buche in voller Pracht.

Ausrüstung: Leichte Wanderschuhe und ein Weitwinkelobjektiv, damit die Silkebuche auch auf das Foto passt.

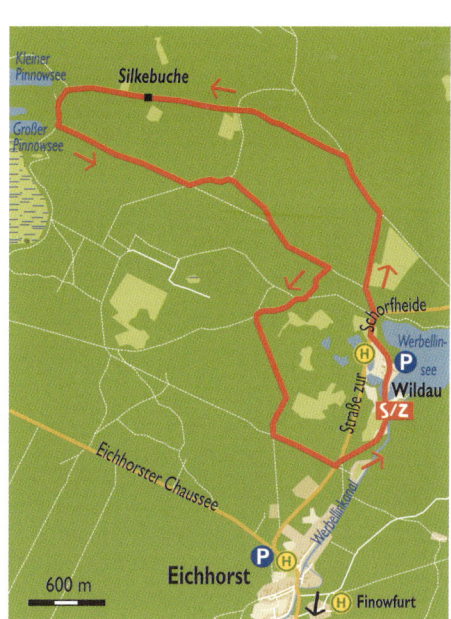

SEE-
WANDERN

>... um den abgelegenen Hellsee

#7

Ein wenig Ruhe vom Alltag? Das lässt sich nördlich von Berlin hervorragend einrichten. Dort lockt nämlich der Hellsee mit einer entspannten Rundwanderung auf Försters Wegen, der eines besonders gut kann: den Puls runterbringen.

Hier kann man ganz für sich allein sein und außer dem Knacken der Äste unter den Füßen einzig dem Rascheln der Blätter in den Baumkronen lauschen.

Nur wenige Seen in Brandenburg sind so herrlich ruhig gelegen wie der Hellsee. Umso mehr lädt er zu einer Umrundung ein. Am besten startet man die gemütliche Wanderung auf dem Parkplatz in Lanke.

Nach nur 50 Metern in östliche Richtung biegt man an der Kreuzung in Richtung Bernau rechts ab und überquert eine kleine Brücke, bevor der Wanderweg nach links in Richtung Hellmühle führt. Dann ist es so weit: Nix wie rein in die Natur! Aber keine Sorge, der Route kann man dank der Markierungen an den Bäumen (grüner Punkt auf weißem Grund) immer bestens folgen.

Bald kommt auf der linken Seite Schloss Lanke in Sicht, ein früherer Herrensitz. Anschließend durchquert man auch dessen ehe-maligen Schlosspark, bevor das Bassin – ein kreisförmiger Teich – in Sicht kommt. In den Hochzeiten des Schlossparks schoss inmitten des Bassins eine stattliche Fontäne in die Luft. Läuft man noch ein Stück weiter, ist schon nach wenigen Metern das eigentliche Ziel der Wanderung zu erkennen: der rund 43 Hektar große Hellsee.

Den Schildern mit der Aufschrift »Rundweg Lanke Hellsee« folgend, geht es nun leicht

Hin & weg: Ab Berlin mit der S3 zum S-Bahnhof Bernau und weiter mit dem Bus 890 nach Lanke.

Dauer & Strecke: Ca. 2,5 Std. Rund 9 km.

Beste Zeit: Ganzjährig.

Ausrüstung: Leichte Wanderschuhe und Proviant für die fotogene Rast auf den Baumstämmen.

bergauf in einen stattlichen Buchenwald, in dem man an zahlreichen Baumstümpfen die markanten Fraßspuren fleißiger Biber entdecken kann. Hier kann man auch perfekt verschnaufen und dabei die vorbeitingelnden Boote beobachten.

Weiter geht's in einen dichten Kiefernwald, auf die Lobetaler Wiese und schließlich zum Haus der Naturfreunde. Wer im Sommer da ist, sollte hier unbedingt zu Kaffee und Kuchen einkehren.

> **FAZIT: EIN ABSTECHER IN DAS KLEINE TAL DES HELLMÜHLER FLIEß IST EIN GELUNGENER KURZAUSFLUG, DER WUNDERBAR ENTSCHLEUNIGT.**

Wieder Kraft in den Beinen gesammelt? Gut so. Denn der das letzte Stück des Rundwegs führt durch ein dichtes Blätterdach zurück zum Lanker Parkplatz.

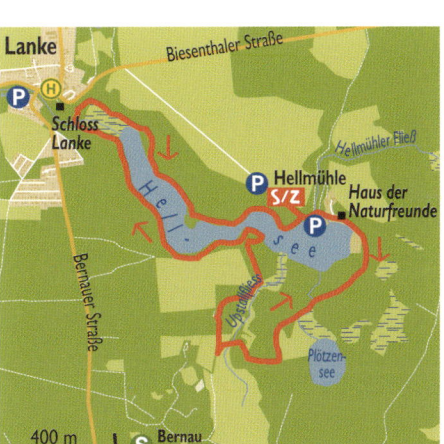

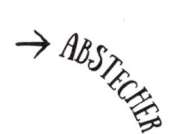

CACH ME IF YOU CAN

 … beim Geocaching in der Barnimer Feldmark

 **#8**

Was früher einmal mit Kompass und GPS-Gerät begann, ist heute eine App. Trotzdem hat Geocaching nichts von seinem Charme und seiner Action eingebüßt und macht immer noch am meisten Spaß in den endlosen Landstücken des Barnimer Lands.

Wie viele kleine Caches sich wohl hinter den Getreideären verstecken? Das Spiel macht süchtig und kann locker ein paar Tage füllen, also aufpassen!

Wie ein riesiger grüner Speckgürtel umringt die 43 000 Hektar große Barnimer Feldmark das Großstadtgetümmel von Berlin, nämlich genau vom Nordosten der Hauptstadt bis in die Regionen Barnimer Land und Märkisch-Oderland.

Das Geocaching-Abenteuer startet am S-Bahnhof Bernau. Von hier aus geht es entweder zu Fuß oder mit dem Fahrrad die Börnicker Landstraße entlang bis nach Börnicke. Das beschauliche 500-Seelen-Dorf liegt mitten in der Barnimer Feldmark und damit im Herzen von landschaftlichen Weiten, knallgrünen Maisfeldern und kunterbunten Wiesen, auf denen sich in den Frühlings- und Sommermonaten Sonnenblumen, Klatschmohn und Kornblumen gegenseitig die Show zu stehlen versuchen. Dazwischen plätschert das Wasser der kleinen Gräben an schattigen Alleen entlang.

Pssst, streng geheim! Mit viel Liebe und Sorgfalt werden die Caches versteckt. Wer findet sie am schnellsten?

Von hier aus führt der kurze Geocaching-Trip jetzt in die Wälder der Feldmark. Direkt an der Bushaltestelle Börnicke geht der Helenauer Weg hinein in das grüne Dickicht des Waldes. Ab hier leitet die App zum Geocache – doch wo genau hier was versteckt ist, das wird natürlich nicht verraten, denn genau darin liegt ja der Spaß beim Geocaching.

Die Weite der Barnimer Feldmark eignet sich perfekt für eine kleine Aktivität in der Natur, die es bei den allermeisten ganz sicher nach nur einem Mal Ausprobieren in die Top drei der Lieblingsbeschäftigungen schafft: Geocaching. Dabei geht es darum, in der Natur kleine Caches zu finden, also von anderen versteckte Zettelchen oder Gegenstände, und diese für sich zu »loggen«, das heißt, seinen Namen in das dort platzierte kleine Büchlein zu schreiben.

Das Eintragen funktioniert heutzutage ganz einfach über eine App. Diese zeigt fast genau an, wo sich der Cache befindet, aber gerade ungenau genug, um die moderne Schnitzeljagd spannend zu machen. So verbringt man beim Geocaching ein paar abenteuerliche Stunden in der Natur.

Tipp: Wer noch länger in der Natur sein möchte, kann problemlos weitere Caches loggen und längere Zeit mit dieser Aktivität verbringen, denn sie führt einen schnell in die Versuchung, immer besser im Aufspüren der kleinen Büchlein zu werden.

Hin & weg: Mit der S-Bahn geht es von Berlin nach Bernau. Wer möchte, kann das Fahrrad mitnehmen. Doch auch ohne kommt man zu Fuß und mit dem Bus nach Börnicke.

Dauer & Strecke: Ca. 4 Std. 15 km.
Wer länger cachen will, kann sich natürlich noch weitere Verstecke suchen.

Beste Zeit: Ganzjährig.

Ausrüstung: Eine passende Geocaching-App, z. B. »Geocaching«, gutes Schuhwerk, Proviant und ein bisschen Geduld.

FAZIT: WAS ZUERST SUPEREINFACH WIRKT, ENTPUPPT SICH ALS ECHTE HERAUSFORDERUNG, DIE ENDLOS VIEL SPAß BRINGT.

'NE RUHIGE KUGEL SCHIEBEN

... auf den Bouleplätzen in Stolzenhagen

#9

Warum nicht mal den kleinen Wett-
bewerbsgeist wecken und ihn mit Kugeln
herausfordern, die zum Einmaleins des
französischen Savoir-vivre gehören?
Boule spielen kann man in Stolzenhagen
besonders gut.

#aufdasSchweinchen #rumkugeln #ohlàlà

Millimeterarbeit wird beim Boule
extrem ernst genommen. Wer kommt
am nächsten ran?

In Frankreich ist es der Volkssport schlecht-hin und wird stundenlang in kleinen und gro-ßen Gruppen jedes Alters auf dafür vorge-sehenen Plätzen gespielt. Und ja, endlich, ist es auch in Deutschland angekommen, und zwar mitten in Stolzenhagen im Barnimer Land: das Boulespiel.

Nachdem der große Bruder Wandlitz schon vor Jahren richtige Boulebahnen in die Stadt baute, hat nun auch das beschauliche Ört-chen Stolzenhagen nachgezogen. Heute zie-ren den Angerbereich in der Ortsmitte drei Boulebahnen und ein paar Bänke für alle, die Lust haben zuzuschauen oder mal ein kurzes Päuschen einlegen müssen.

Doch worum geht's denn eigentlich? Beim Boule wird mit großen Kugeln in Richtung des Schweinchens, also der kleineren Kugel, geworfen. Wer am nächsten am Schwein-chen dran ist, der hat die Runde gewonnen.

43

Doch eigentlich ist Boule viel mehr als das. Es ist ein Sport, aber auch eine sehr gesellige Lebensart, die zwar aus Frankreich kommt, aber auch ganz gut zur Ruhe und Beschaulichkeit des Barnimer Landes passt.

Schnell lässt man sich vom besonderen Flair mitreißen und vergisst plötzlich alles um sich herum. Dann gibt es nur noch das Schweinchen und das dumpfe Geräusch des Aufpralls der Kugel auf den Schotter. Kleine Pause gefällig? Dann empfiehlt sich ein Spaziergang über die nahe gelegenen Felder.

Schon auf der anderen Straßenseite steht man nach wenigen Metern mitten in der Natur. Das hier fühlt sich an wie ein Sonntag, auch wenn der Kalender etwas anderes behauptet. Eine Stärkung nach dem Spiel gibt

Fuhrpark de luxe! Wer im Boule siegt, darf sich sein liebstes Gefährt aussuchen und damit stolz über den Stolzenhagener See schippern. Ist doch fair, oder?

es die Straße runter in der Fischerstube. Die liegt direkt an der Stolzenhagener Badewiese und ist damit nur einen Katzensprung vom Stolzenhagener See entfernt.

Hin & weg: Vom Bahnhof Bernau aus fährt der Bus 892 direkt bis nach Stolzenhagen, Haltestelle Kirche. Die Boulebahnen befinden sich an der Dorfkirche im Angerbereich.

Dauer: Wer nur nach Stolzenhagen möchte, um hier Boule zu spielen, der sollte ungefähr 2 Std. einplanen. Alle anderen können die Eskapade auch ausweiten und sie mit einer Radtour zum Wandlitzer See und zum Liepnitzsee verbinden (Eskapaden #15 und #22).

Beste Zeit: Eigentlich immer, solange es nicht stürmt, schneit oder regnet.

Ausrüstung: Ein Bouleset, ein paar Getränke und eine Sonnenbrille. Zur Motivation macht sich ein kleines Siegergeschenk ganz gut.

Tipp: Das Restaurant hat eine umfangreiche Speisekarte und auch wöchentlich wechselnde Gerichte, die zur jeweiligen Fischsaison der Umgebung passen. Wer nur einen kleinen Snack will, der kann sich am Imbiss des Restaurants auch ein Fischbrötchen auf die Hand holen.

Übrigens: 2024 soll Boule das erste Mal olympisch werden. Dann finden die Olympischen Spiele in Paris statt, wo auch sonst? Na, wenn das kein Ansporn ist!

> **FAZIT: KURZWEILIGER KANN SICH EINE OUTDOORAKTIVITÄT KAUM GESTALTEN ALS MIT EIN PAAR BUNTEN ODER METALLENEN KUGELN UND EINEM SCHWEINCHEN.**

ICH GLAUB, ICH PINNE

≥ ... eine Tour durchs idyllische Lychen ≤

#10

Ein gemütlicher Spaziergang, der seinen (Reiß-)Zweck erfüllt: Die Pinnenwanderung führt entlang von 14 Infoschildern durch die Geschichte Lychens bis zum Naturpark Uckermärkische Seen und in den beschaulichen Stadtkern der Flößerstadt hinein.

gen am meisten berühmt ist: die Reißzwecke. Diese erfand der Lychener Uhrmacher Johann Kirsten um 1900. Noch bis 1966 wurden sie hier hergestellt. Der Pinnenpfad führt weiter zum Fürstenberger Tor, das zur ehemaligen Stadtbefestigung gehörte, und zur ehemaligen Stadtmühle von Lychen, die heute nicht mehr genutzt wird, aber umso uriger wirkt.

Über das Stargarder Tor und den jüdischen Friedhof erreicht man schließlich den Malerwinkel – und damit wirklich eine der malerischsten Ecken der Stadt. Hier, direkt am Ufer, laden Bänke vor dem ehemaligen Färberhaus zu einer Verschnaufpause mit Blick aufs Wasser und die alte Holzbrücke ein.

Genug pausiert? Dann geht es über das Templiner Tor zum Alten Wehr, einer 1831 erbauten Anlage der Holzflößerei, und weiter zu den wohl berüchtigtsten Bauwerken der Stadt: den ehemaligen Heilstätten Hohenlychen. Die

»Wir stehen auf Wasser«, geben die Lychener in ihrem Slogan zu, das kann man ruhig wörtlich nehmen. Denn die Stadt Lychen liegt eingebettet zwischen sieben Seen inmitten des Naturparks Uckermärkische Seen und könnte malerischer nicht sein. Eine rund zweistündige Erkundungstour startet man am besten zu Fuß, und zwar an der Stadtverwaltung. Von hier folgt man den überdimensionalen Pins, die als Infotafeln dienen, zur gotischen Stadtkirche Sankt Johannes, zum einstigen Köppensgang und zur ehemaligen Postablage, wo zu Zeiten des Flößerhandwerks das mühsam transportierte Holz zwischengelagert wurde.

Noch ein Stück weiter westlich liegt der Geburtsort dessen, wofür die Stadt neben ihren sieben Seen und den romantischen Uferwe-

Eine echte Luxusanlage versteckt sich am Ende der Pinnenwanderung hinter den Kiefern von Lychen: die Lungenheilklinik, die dank einer Renovierung gerade ordentlich herausgeputzt wird.

prunkvollen Villen und Häuser im Fachwerkstil waren einst eine berühmte Lungenheilklinik, die jahrelang vergessen im Winterschlaf lag und derzeit einer Renovierung unterzogen und in eine Altersresidenz umfunktioniert wird. Einen Besuch sind die Heilstätten auch heute wert, dem unbändigen Charme der Gebäude sei Dank.

Wer sich jetzt nach einem Sundowner mit Ausblick sehnt, dem sei die Terrasse des Strandcafés am Ufer des Oberpfuhlsees ans

Herz gelegt. Auch dieses Gebäude kann auf eine lange Geschichte zurückblicken, die am besten auf Nachfrage von den Inhabern erzählt wird.

Tipp: Mit dem praktischen Audioguide lassen sich alle Informationen unterwegs auch auf dem Smartphone als Tonspur abspielen.

Hin & weg: Ab dem Bahnhof Fürstenberg geht es mit dem Bus 517 nach Lychen.

Dauer & Strecke: Für die 6 km benötigt man rund 2 Std.

Beste Zeit: Ganzjährig, denn in Lychen entfaltet jede Jahreszeit ihren Reiz.

Ausrüstung: Lockeres Schuhwerk und ein Smartphone für den Audioguide.

FAZIT: LYCHEN IST AN BESCHAULICHKEIT KAUM ZU ÜBERTREFFEN. IDEAL FÜR EINEN RUNDWEG DURCH DIE HISTORIE.

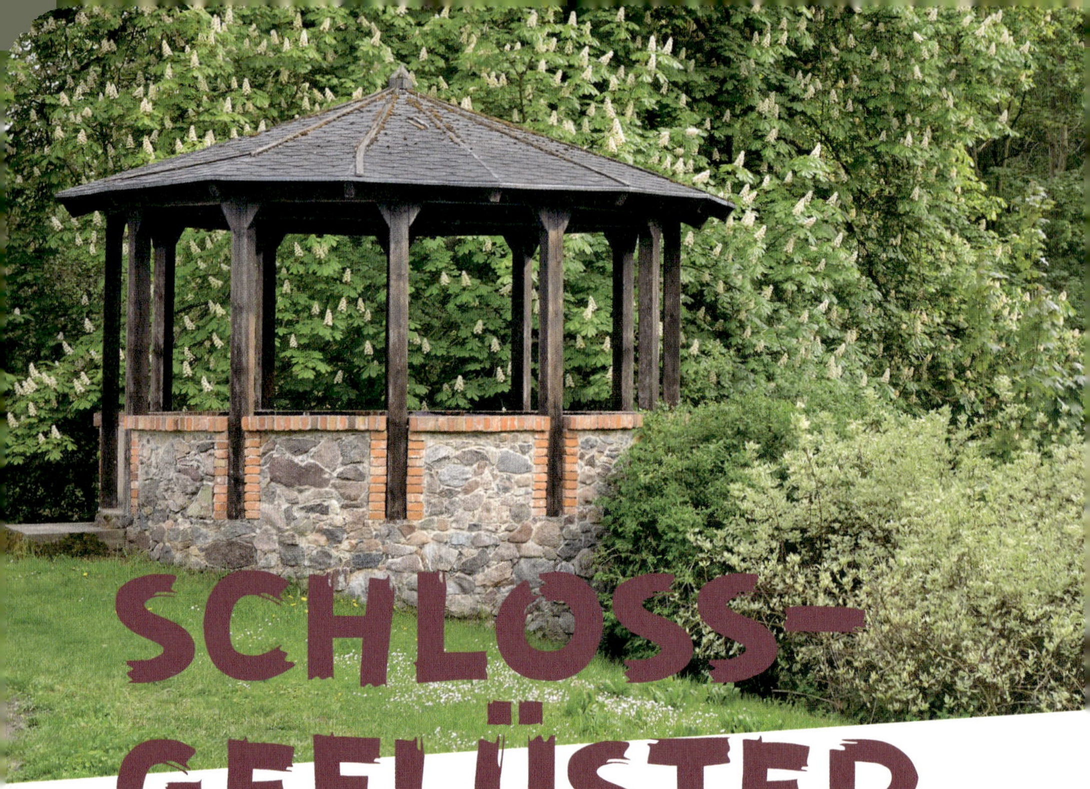

SCHLOSS-GEFLÜSTER

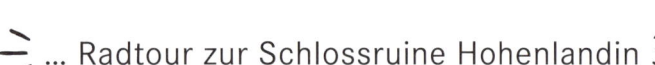

… Radtour zur Schlossruine Hohenlandin

#11

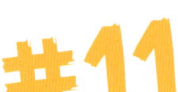

Die vielleicht schönste Schlossruine Deutschlands steht in Hohenlandin am Ende eines von Rapsfeldern gesäumten Pflasterwegs inmitten von leuchtendem Grün. Sie ist perfekt für eine Erkundungstour mit dem Rad und einen kleinen Ausflug in die Geschichte der Uckermark.

#Hohenandin #einePerlederGeschichte #HerzderUckermark #Ruinenliebe

Wer dieses architektonische Pracht-
stück nicht besucht hat, der kennt
die Uckermark nicht.

Erst vor ein paar Jahren wurde der Weg, der von Pinnow nach Hohenlandin führt, fertiggestellt. Welch ein Glück. Denn ohne ihn würde man nicht nur die saftigen Rapsfelder verpassen, sondern auch den Blick auf die samtig weich anmutenden Gerstenfelder nur von Fotos kennen.

Vom Bahnhof Pinnow aus lässt sich der Pflasterweg einfach erreichen. Es geht über die Landiner Straße und die Oder-Lausitz-Trasse direkt hinein in die Landidylle des von kleinen Bäumen gesäumten Weges. Auf beiden Seiten entfaltet sich die endlose Feldweite der Uckermark, die hier, je nach Jahreszeit, mal knallgrün, mal knallgelb erstrahlt.

Der Weg führt direkt in das kleine Örtchen Hohenlandin, das nicht nur für die Landschaft der Umgebung, sondern vor allem für seine Schlossruine bekannt ist. Heute findet man hier weder Herzöge noch Könige oder Prinzessinnen. Stattdessen grasen Ziegen und Schafe auf dem Rasen und legen immer größere Teile

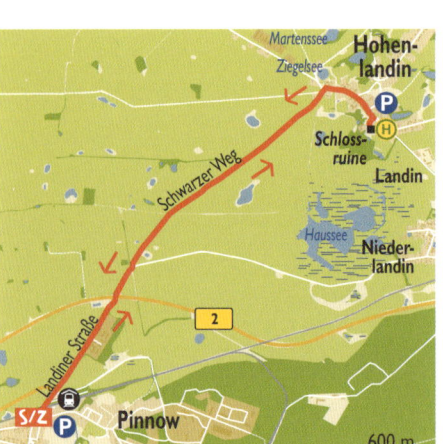

Wer denkt bei diesem Anblick noch an wallende Kleider im großen Ballsaal? Mit ein wenig Vorstellungskraft kann man das Orchester spielen hören..

des riesigen Areals frei. Bedauerlicherweise befinden sich darauf nur noch die Ruinen des zwischen 1860 und 1861 gebauten Schlosses. Bis heute lässt sich jedoch erahnen, wie weitläufig der Komplex einst gewesen sein muss. Neben dem Schloss erkennt man noch die alte Brennerei, den Pferde- und auch den Bullenstall mit der gewölbten Decke, der allein schon die Fläche eines Mehrfamilienhauses einnimmt.

Das beeindruckende Schloss selbst wurde nach dem Rückzug des Adels als Flüchtlingsunterkunft für Schlesier genutzt, bevor es in der DDR als Schule diente. Seit 1977 passierte leider nicht mehr viel. Pläne für die Sanierung gibt es keine, und so bleibt es der Fantasie der Besucher überlassen, sich den Prunk auszumalen, der das Gebäude einmal zierte. Hierfür gibt es allerdings ziemlich eindeutige Anhaltspunkte, nämlich die Stucküberbleibsel, den Terrakottabalkon, den es so wohl nirgends sonst in Deutschland gibt, bis hin zu den Stahlträgern und Fenstern, die man bis heute noch erkennen kann.

Fast stehlen die knuffigen natürlichen Rasenmäher der Schlossruine mit ihren gewölbten Decken und dem roten Backstein die Show. Aber auch nur fast.

Wer die Ruine aus allen Winkeln und im märkischen Licht ab 18 Uhr bewundert hat, wenn die orange-gelben Töne so richtig herauskommen, sollte unbedingt noch einen kurzen Spaziergang durch den Lenné-Park machen. Kaum einer konnte Parks und Gärten so filigran anlegen wie der Meister selbst. Hinter dem kleinen Schlosssee breitet sich die grüne Gartenfläche aus, die so einladend wirkt, dass man direkt seine Picknickdecke ausbreiten möchte. Wieso eigentlich nicht?

Gestärkt geht es zurück – diesmal auf der anderen Seite, nämlich über die Neue Straße und vorbei am Haussee von Landin bis zum Bahnhof von Pinnow.

Tipp: Über den Förderverein Schloss Hohenlandin e. V. kann man eine Führung buchen (www.facebook.com/schloss.hohenlandin.3).

Hin & weg: Vom Bahnhof Pinnow führt die Landiner Straße über die Bundesstraße und direkt in den (neuen) Schwarzen Weg. Kurz hinter dem Ortseingang sieht man schon die Schlossruine. Für den Rückweg unbedingt die andere Seite entlangradeln.

Dauer & Strecke: 2 Std. Radfahrzeit mit Stopp an der Ruine und Picknick im Lenné-Park. 9 km.

Beste Zeit: Ganzjährig.

Ausrüstung: Ein Fahrrad, eine Picknickdecke und ein bisschen Proviant, um bis zum Sonnenuntergang an der Ruine bleiben zu können.

NIX WIE STRAUß

... mit dem Rad zum Straußenhof Berkenlatten

#12

Ein Stück Afrika in der Uckermark? Richtig gelesen. Dieser vierstündige Ausflug führt mit dem Fahrrad von Templin mit Zwischenstopp bei gleich mehreren Seen bis zum riesigen Gehege der Straußenfarm in Berkenlatten.

Keine Angst, auf dem Straußenhof sind die Tiere auf einem abgeriegelten Feld untergebracht. Besucher sind durch hohe Holzzäune bestens geschützt.

Tolle Tagestouren von Templin aus gibt es wie Rapsfelder in der Uckermark: reichlich. Eine der schönsten führt in den Ort Berkenlatten, der vor allem für eines berühmt ist, nämlich seine riesige Straußenfarm.

Für eine entspannte Anreise schwingt man sich am besten aufs Rad – zu einer leichten Fahrradtour für alle Fitnesslevel. Das schöne Templin verlässt man östlich am Südufer des Templiner Kanals entlang in Richtung Zaarsee

Oldies, but goldies! Auf dem Hof findet man noch wahre Schätze der Vergangenheit wie dieses alte Fahrrad.

und dann weiter nach Milmersdorf. Hier sollte man unbedingt einen Blick auf die Dorfkirche werfen. Wieder im Sattel, führt der Weg weiter zum Temnitzsee, zum Kölpinsee und durch eine zauberhafte Moorlandschaft bis nach Berkenlatten.

Wer bei der Zufahrt nach Berkenlatten die Augen offen hält, hat gute Chancen, bereits den einen oder anderen Strauß auf den Feldern zu entdecken. Kein Wunder, denn die Anlage der Straußenzucht erstreckt sich über mehrere weitläufige Felder. Umgeben von Wald, klaren Seen und einer artenreichen Fauna und Flora, wurde Berkenlatten zum Zuhause für über 100 Strauße. Diese stattlichen Tiere lassen sich hier entlang kurzer Spazierwege in ihrem Gehege besichtigen – und zwar völlig kostenlos.

Kleiner Tipp: Mit Glück gibt es in einem abgeschotteten Teil sogar Straußenbabys zu sehen. Die sind noch nicht ganz so stattlich, wirken dafür aber umso tollpatschiger. Wer mehr über die größten Vögel der Welt erfahren möchte, kann sich bei einer Hofführung alles über die artgerechte Haltung der Strauße erzählen lassen.

Echte Strauße einmal mit eigenen Augen sehen, das macht Spaß – und hungrig. Deshalb bietet der Hof auch einen kleinen Imbiss mit Sitzbereich im Freien und natürlich einen Hofladen, in dem die besten Straußenprodukte über die Theke gehen. Nicht nur Leder und Federn der Tiere werden verkauft, auch las-

sen sich hier knackige Straußenpfefferbeißer, Straußensteaks und Straußeneier direkt vom Erzeuger erstehen oder Straußengerichte probieren. Bestens gestärkt, geht es nach diesem kleinen Ausflug in den afrikanisch-uckermärkischen Busch zurück nach Templin.

Hin & weg: Von Templin führt ein Radweg nach Berkenlatten.

Beste Zeit: Frühling und Sommer.

Dauer & Strecke: Ca. 4 Std. und 27 km mit Stopps an den Seen und Aufenthalt am Straußenhof.

Ausrüstung: Fahrrad und lockere Kleidung.

AUSZEIT AM SEE

≥ … nach einer Wanderung am Werbellinsee ≤

 **#13**

*Eine Wanderung entlang eines be-
schaulichen Ufers. Ein See, der post-
kartentauglicher nicht sein könnte.
Eine Eiche, die 600 Jahre alt ist. Und
eine Belohnung, die es in sich hat.
Nämlich der frischeste Fisch aus selbigem
Gewässer – damit lockt der Werbellinsee
im Norden von Barnim.*

Grün, so weit das Auge reicht! Das Beste ist, den regionalen Wanderwegen zu folgen und immer wieder aufs Neue von der Natur überrascht zu werden.

Eine Wanderung entlang des Werbellinsees im Landkreis Barnim verspricht nicht nur tolle Ausblicke und spannende Highlights, sondern einen ganz besonderen Abschluss direkt am Seeufer: frisch zubereiteten Fisch von der Fischerei Werbellinsee.

Der beste Startpunkt für eine Wanderung ist das Ortszentrum von Eichhorst und dessen berühmtester Baum, die mindestens 600 Jahre alte Eichhorst-Eiche – die kennt hier wirklich jeder. Das ist auch kein Wunder, so stattlich, schön und edel, wie sie immer noch hier steht. Sie ist Teil der im Jahre 1709 von König Friedrich gegründeten Werbelliner Kanalkolonie. An ihr vorbei führt der Weg zur Schleuse und weiter den romantischen Werbellinkanal entlang bis zur Südspitze des Werbellinsees (rund zwei Kilometer).

Schon sollte der Askanierturm zu sehen sein, ein zwölf Meter hoher Aussichtsturm auf dem Schlossberg des Nachbarörtchens Wildau. Hier geht es über die Brücke am Askanierturm auf die andere Seite des Werbellinkanals und linker Hand weiter in Richtung Campingplatz Süßer Winkel. Für alle, die zur Fischerei wandern möchten, heißt es an dieser Stelle »links um« und weiter an der Nordwestseite des Sees entlang.

Nach rund zehn Kilometern erreicht man schließlich die Fischerei Werbellinsee mit einer wunderbar weitläufigen Außenterrasse. Besonders an sonnigen Tagen lädt sie dazu ein, den Fisch im Freien mit Blick auf die glatte Wasseroberfläche und die seicht rauschenden Bäume am gegenüberliegenden Ufer zu genießen. Auswahl bietet der Werbel-

linsee genug, egal ob Hechte, Barsche, Aale, Welse, Karpfen, Schleien oder Maränen.

Und die Rückreise? Der Bahnhof von Althüttendorf liegt nur rund fünf weitere Spazierkilometer entfernt. Die schafft man nach einer kurzen Siesta und vor allem der Fisch-Stärkung in der Sonne doch mit links. Tipp: Räucherfisch für zu Hause mitnehmen.

Hin & weg: Von Mai bis Oktober erreicht man Eichhorst mit dem Werbellinseebus, Linie 917, vom Hauptbahnhof Eberswalde. Rückreise mit dem Zug ab Althüttendorf Bahnhof.

Dauer & Strecke: Ca. 4 Std. mit Aufenthalt an der Fischerei. Knapp 16 km.

Beste Zeit: Frühling und Sommer.

Ausrüstung: Gutes Schuhwerk und Lust auf Fisch.

FAZIT: EINE FISCHEREI DER ALTEN SCHULE AM RUHIGEN SEEUFER – IDEAL FÜR EINEN KURZEN ABSTECHER INS GRÜNE.

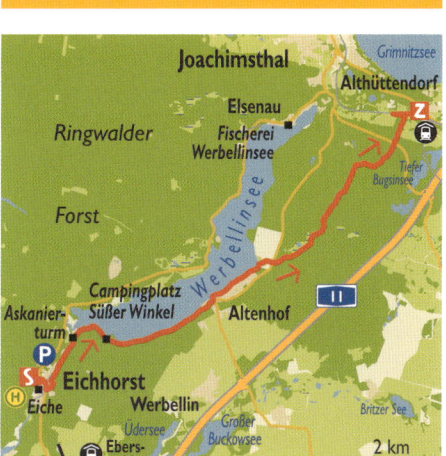

DER EISZEIT SO NAH

 ... auf Wanderung im Ökodorf Brodowin

#14

Was haben viele glückliche Kühe, leuchtend bunte Schmetterlinge und eine ungeheure Ruhe gemeinsam? Sie alle verschmelzen im Biosphärenreservat Schorfheide-Chorin zu einem Ort für einen idealen Abstecher ins Grüne und bringen einen dabei in echte Biogefilde.

→ ABSTECHER...

Hofladen
Ökodorf Brodowin

Immer frisch und superregional:
Der Hofladen ist das Paradies für
alle Schleckermäuler!

Seit 25 Jahren schon sind hier nicht nur die Kühe glücklich, sondern auch alle, die im knallgrünen Garten sitzen und sich die ersten Sonnenstrahlen auf die Nase (und den Kuchen) scheinen lassen. Das Ökodorf Brodowin ist eine der Adressen im Barnimer Land, die diese Region nicht besser verkörpern könnte: regionale Landwirtschaft, eine Meierei zum Anschauen und ein kleiner Hofladen, in dem es Barnim zum Anfassen gibt. Auf 1250 Hektar Fläche leben hier 220 Milchkühe und etliche Ziegen und Hühner wie im Paradies.

Von hier aus starten zahlreiche Wander- und Radwege einmal quer durch das Biosphärenreservat und mitten über die von der Eiszeit geprägte hügelige Landschaft. Die unterschiedlichen Wege werden durch vier kleine Tiersymbole ausgeschildert: einen Kranich, eine Ente, einen Frosch und einen Schmetterling.

Dem Letzteren folgend, findet man sich auf einer Wanderung durch die Endmoränenlandschaft wieder und gelangt so auf den (fast)

Von Milch bis hin zu Kräutern gibt es im Ökodorf Brodowin wirklich alles.

Klatschmohn auf der anderen Seite des Wanderwegs bilden.

Satte 81 Meter thront der Kleine Rummelsberg über dem Biosphärenreservat Schorfheide-Chorin und bietet damit einen steilen, aber machbaren Aufstieg über eine Holztreppe, der durch endlose Aussichten über dieses Stückchen Landschaft belohnt wird. Bei gutem Wetter glitzert nicht nur die Oberfläche des Wesensees in der Ferne, sondern auch der Brodowiner See links daneben und der Parsteiner See im Norden. Brodowin und Wasser, das passt ziemlich gut zusammen.

Rund um den kleinen Berg haben sich in den letzten Jahren so viele Geschichten über seine Entstehung geformt, dass man fast schon gern selbst eine schreiben würde. Durchgesetzt hat sich bis jetzt die Erklärung, dass der kleine Rummelsberg durch einen aktiven Gletscher geformt wurde und heute als Drumlin bezeichnet werden kann. Dabei handelt es

höchsten Punkt der Umgebung von Brodowin. Dabei geht es immer wieder vorbei an Rapsfeldern, die mit ihrem knalligen Gelbton den perfekten Kontrast zum feuerrot blühenden

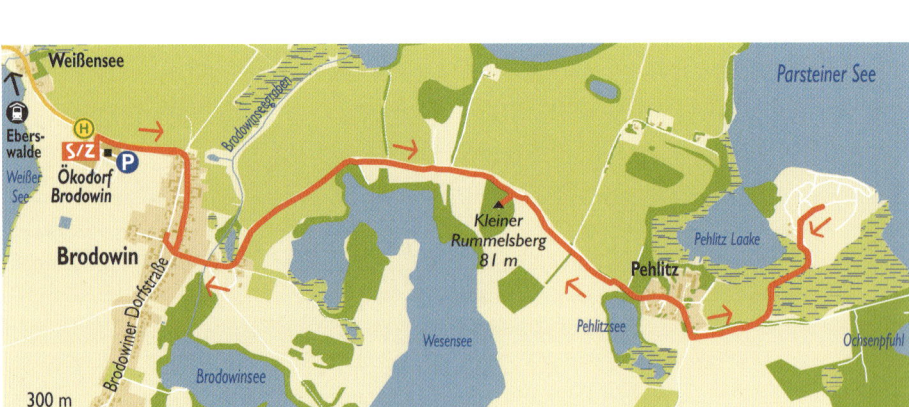

Erst schlemmen, dann abtrainieren. Auf einer Radtour vom Ökodorf Brodowin aus kann man nicht nur die Natur der Region erkunden, sondern auch echte Gipfel erklimmen.

sich um längliche Hügel mit einem tropfenförmigen Grundriss, deren Längsachse in der Eisbewegungsrichtung eines Gletschers liegt. Doch das ist nicht alles, was der kleine Hügel zu bieten hat. Um ihn herum hat sich bereits in den vergangenen Jahrhunderten ein kontinentaler Trockenrasen gebildet, und da dieser wiederum eine ganz besondere Bodenflora anlockt, steht der Kleine Rummelsberg bis heute unter Naturschutz.

Hier, hoch oben über dem Biosphärenreservat, zu stehen fühlt sich ein wenig an, wie in der Natur zu Besuch zu sein und für einen Moment lang etwas erleben zu dürfen, was sonst hinter verschlossenen Türen passiert. Ein Moment, für den man sich häufiger Zeit nehmen sollte.

FAZIT: VOM ÖKODORF DURCH DIE NATUR ZU WANDERN BRINGT EINEN ZURÜCK AUF DEN (ENDMORÄNEN)BODEN DER TATSACHEN.

Hin & weg: Vom Bahnhof Eberswalde fährt von Montag bis Freitag der Bus 912 direkt zum Ökodorf Brodowin. Bei schönem Wetter besser mit dem Rad ab Chorin durch die Natur radeln.

Dauer & Strecke: Ca. 1 Std. und 5 km für die Wanderung zum Kleinen Rummelsberg und zurück zum Ökodorf. Wer aber Stopps an den Seen einlegt, kann auch gut ein paar Stunden mehr einplanen.

Beste Zeit: Im Frühjahr, wenn die Felder blühen, das Dorf und die Umgebung lohnen sich aber ganzjährig.

Ausrüstung: Bequeme Schuhe, ein Fernglas für die Aussicht auf dem Hügel und eine Kamera.

EINFACH WEG-PADDELN

≍ … mit dem SUP auf dem Wandlitzer See ≍

Gibt es etwas Schöneres, als auf dem Wasser zu stehen und die seichte Bewegung des Wassers unter den eigenen Füßen zu spüren? Auf dem Wandlitzer See, ausgestattet mit einem SUP und einem Paddel, funktioniert das ziemlich gut.

Stand Up Paddling sieht schwieriger aus, als es eigentlich ist. Wer einmal auf dem Brett steht und über die ruhige Wasseroberfläche gleitet, wird es immer wieder tun, ganz sicher.

Am Morgen ist die Sonne noch gnädig mit ihrer Kraft. Und doch schafft sie es, die Oberfläche des Wandlitzer Sees so herrlich schillern zu lassen, dass man eigentlich am liebsten direkt hineinspringen würde. Aber heute ist kein Badetag. Heute ist Paddeltag.

Beim Stand Up Paddling (SUP) oder Stehpaddeln gleitet man auf überdimensionalen Surfbrettern mit einem Paddel bewaffnet über den See. Keine Angst, durch die Dicke und Größe der Bretter ist das Spielchen mit der Balance ein gar nicht allzu schwieriges.

Neben dem Strandbad Wandlitz startet das SUP-Abenteuer. Der Wandlitzer See ist mit seinen knapp zwei Quadratkilometern ein recht großes Becken für ein Board, aber allein ist man hier nicht. Schnell gesellen sich Enten, Blesshühner und Schlauchbootfahrer in ihren quietschbunten Gummigefährten dazu.

SUP-Bretter sind superstabil, und sicheren Halt liefert die rutschfeste Oberfläche. Los geht's!

Beim Suppen, wie die coolen Kids es nennen, geht es um Ruhe. Hier muss man keine Wellen lesen, wie man es beim Surfen tut, und auch nicht die Strömung abschätzen können. Der Wandlitzer See hat weder das eine noch das andere. Es könnte höchstens ab und an ein bisschen windig werden. Aber wer seine Balance bereits gefunden hat, der kann einfach den Zeigefinger hoch hinausstrecken, um den altbewährten Windtest zu machen.

Eine Vorwarnung gibt es allerdings doch noch: Was von außen wie eine Entspannungsübung im Stehen aussieht, geht in Wahrheit in die tiefste Tiefenmuskulatur, und genau die wird am nächsten Morgen noch einmal freudig grüßen, wenn es der große Zeh so langsam aus dem Bett schafft.

Aber so ein Tag auf dem Wasser ist etwas ganz Besonderes. Die Bewegung des Sees lässt das eigene Unruhependel einen Ruhepol finden und den Puls herunterfahren. Auch wenn das jetzt wie die Einleitung zu einer schlechten Atemübung wirkt, ist es wahr. Denn die große Liebe zum Wasser entfaltet sich besonders dann, wenn man immer wieder sein Paddel ins tiefe Nass stupst und sich dabei ganz gemächlich vorwärtsbewegt – Meter für Meter.

Und dann, wenn die Zeit auf dem Wasser langsam zu Ende geht, spürt man, wie der Körper tief im Inneren kleine Luftsprünge macht und sich darüber freut, dass er das nicht schon auf dem Brett gemacht hat, denn das hätte nass werden können …

Tipp: Der SUP-Spot liegt neben dem Eingang des Strandbads. Wer sich danach Pommes rot-weiß gönnen will, hat es nicht weit.

FAZIT: EIN TAG AUF DEM WASSER, UND DAS AUCH NOCH IN SPORTLICH, BERUHIGT.

Hin & weg: Der Wandlitzer See liegt direkt am Bahnhof Wandlitz. Von hier aus sind es nur ein paar Meter bis zum Surfcenter Wandlitz mit SUP-Verleih.

Dauer: 2–3 Std. inklusive ein paar faulen Minuten auf der Wiese.

Beste Zeit: Im Sommer, wenn der See so warm ist, dass man auch locker hineinfallen kann.

Ausrüstung: Sonnencreme, Kopfbedeckung und Badesachen. SUP-Verleih: www.surfshop-berlin.de

KLOSTER-WANDERUNG

… zum Kloster Chorin

#16

Ein Besuch des berühmten mittelalterlichen Zisterzienserklosters Chorin lässt sich wunderbar mit einem Ausflug in die Natur verbinden. Genauer gesagt, mit einer kleinen Wanderung durch das UNESCO-Biosphärenreservat Schorfheide-Chorin.

Wenn dieser Anblick am Ziel einer Wanderung wartet, dann ist das doch schon Motivation genug, oder? Ein echtes Prachtgebäude, das Kloster Chorin.

Das gut erhaltene Kloster Chorin aus dem 13. Jahrhundert ist weit über die Grenzen Brandenburgs hinaus bekannt und lässt sich auf einer gut zweistündigen Wanderung auf eigene Faust erkunden. Diese beginnt man am besten in Sandkrug, etwa acht Kilometer nördlich von Eberswalde gelegen. Der Angermünder Straße in Richtung Nordosten folgend, biegt man nach links in die Seestraße ab und erreicht bald einen dichten Eichen-Kiefern-Wald. Auf beiden Seiten des Pfades befindet sich nun Natur pur, und man fühlt sich mit einem Mal völlig abseits der Zivilisation. Abschalten kann so schnell gehen. Einatmen! Ausatmen!

Nun einfach auf dem Wanderweg ein wenig rechts halten und ihm bis zu einem kleinen See folgen. Nach einem weiteren Waldstück

erreicht man schließlich das Ufer des ruhig gelegenen Amtssees, der bereits zur Klosteranlage gehört und früher Choriner See genannt wurde, denn die Zisterzienser bauten

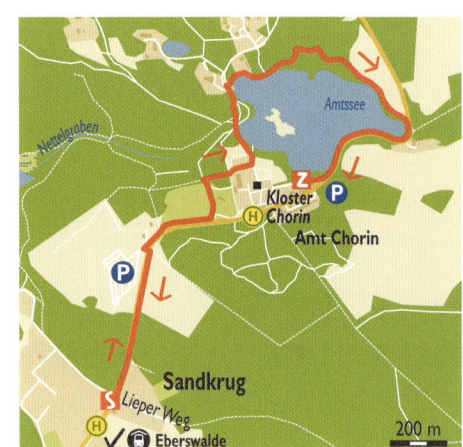

ihre Klöster stets in der Nähe von Gewässern. Das prunkvolle Kloster selbst, im Jahr 1258 von askanischen Markgrafen gegründet, ist jetzt auch schon durch das Geäst zu erkennen. Sein markantes Highlight: die Klosterkirche. Das Meisterwerk der norddeutschen Backsteingotik lässt die Herzen von Architekturfans höher schlagen.

Wer die Wanderung hier noch nicht beenden möchte, der kann seinen Ausflug mit dem Rundweg entlang des Seeufers verlängern. Denn der Uferweg führt direkt am Wasser entlang einmal um den See herum. Badesachen dabei? Dann nix wie rein ins Wasser. Ansonsten führt der Weg nach einiger Zeit auch direkt nach Chorin, wo man sich am besten an die Schilder zur Schönen Aussicht hält. Mit genau dieser wird man nämlich am Ende be-

lohnt. Der Ausblick hinunter auf die Stadt ist einfach herrlich.

FAZIT: EINE WUNDERSCHÖNE WANDERUNG ZU EINEM DER BERÜHMTESTEN KLÖSTER DEUTSCHLANDS.

Hin & weg: Mit dem Zug nach Eberswalde, weiter mit dem Bus 912 bis Chorin-Sandkrug.

Dauer & Strecke: Ca. 2 Std. Gut 2 km.

Beste Zeit: Ganzjährig.

Ausrüstung: Gutes Schuhwerk und eventuell Badesachen.

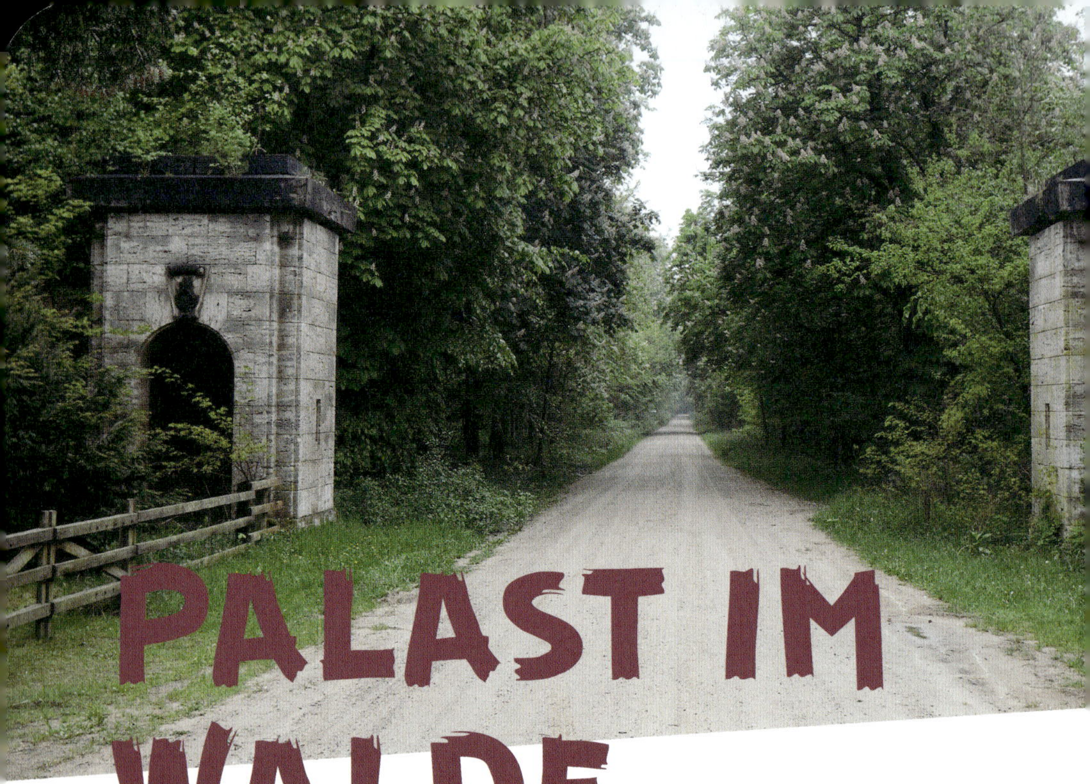

PALAST IM WALDE

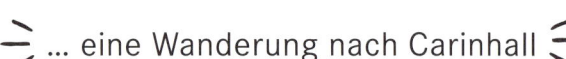

... eine Wanderung nach Carinhall

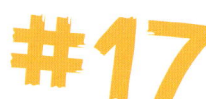

#17

Wandern, wo Nationalsozialisten einst dem Leben frönten. In der Schorfheide warten die Überreste des einstigen Landsitzes von Nazigröße Hermann Göring und ein Waldspaziergang durch einen waschechten Teil deutscher Geschichte.

#ProtzundPrunk #Geschichtswanderung #vergesseneOrte #Jagddomizil

→ ABSTECHER

Kleine Details an großen Relikten lassen die düstere Vergangenheit dieses Ortes erspüren.

Einmal in Deutschlands dunkelste Vergangenheit blicken? Das kann man bei einer Wanderung entlang des Großdöllner Sees nach Carinhall, einem vornehmlich nur noch in Landkarten markierten Ort.

Los geht's am Parkplatz des Hotels Döllnsee-Schorfheide. Von hier wandert man am Westufer des Großdöllner Sees entlang in Richtung Süden und biegt nach wenigen Hundert Metern nach links in den Wald ab. Mit einem Mal hat man die Motorengeräusche der nahen Landstraße weit hinter sich gelassen. Jetzt einfach dem Waldweg folgen und dabei den Blick durch das dichte Geäst genießen. Denn dahinter funkelt idyllisch der See. Dann, nach ungefähr drei Kilometern, wird auf der rechten Seite ein weiterer See sichtbar: der Wuckersee. Nur noch ein paar Schritte, und man steht selbst genau an der Stelle, wo sich vor über 70 Jahren die Nazielite die Klinke in die Hand gab.

Ein schlichter Stein lässt Großes erahnen: das einzig unzerstörte Überbleibsel aus vergangener Zeit.

mahl und zur gemeinsamen Jagd. Heute werden Besucher lediglich von einem prächtigen Stein mit eingraviertem Schriftzug begrüßt. Carinhall, steht da in großen Lettern nebst einer Informationstafel, die detailreich über die Besonderheit des einstigen Nazidomizils und dessen Besitzer informiert. Weitere Informationen sucht man vergeblich. Nur wer genau hinsieht, entdeckt einen kleinen Waldweg, der weiter nach links mitten ins Dickicht führt. Ein Blick hinein lohnt sich.

Zunächst geht es über einen sporadisch mit Steinen gepflasterten Pfad zu einer kleinen Lichtung im Wald. Farne wachsen am Wegesrand, Baumstümpfe sind mit dichtem Moos überzogen. Eine alltägliche Waldidylle, wären da nicht die Reste von dicken Mauern im Boden zu erkennen. Und dann, ein paar Schritte weiter, eine von Moos überwucherte Steinwand, im Bombenhagel mittig zerbrochen. Viel ist nicht übrig vom Luxusrefugium im deutschen Walde, und doch wohnt dem Waldstück eine ganz besondere Stimmung inne.

Der verwunschen wirkende Ort war einst das private Anwesen von Hermann Göring. Im damaligen Prachtbau empfing der Nationalsozialist bis 1945 Staatsgäste, lud zum Fest-

Achtung! Wer hier nur nach oben in die Baumkronen schaut, könnte die Spuren der Vergangenheit am Boden verpassen, nämlich alte Mauersteine und vermooste Schächte.

Gut erhalten hingegen sind die beiden Wachtürme von Carinhall. Wer der Waldstraße in nordwestlicher Richtung folgt, trifft auf zwei bestens erhaltene Steingebäude, welche beide Seiten des Weges flankieren. Noch heute thront auf dem Eingangsportal das

Abbild eines Adlers. Geschichte mitten in der Natur am eigenen Leib erleben, auch das geht in der Uckermark.

Kulinarischer Tipp: Direkt gegenüber den Wachtürmen werden an einem Stand Essig und selbst gemachte Marmeladen verkauft – übrigens nach Selbstbedienungsprinzip anhand einer Einwurfkasse.

Hin & weg: Mit dem Auto von Schorfheide kommend, auf der Prenzlauer Straße (L100) zum Hotel Döllnsee-Schorfheide abbiegen.

Dauer & Strecke: Ca. 3 Std. mit kurzen Pausen. 8,5 km.

Beste Zeit: Ganzjährig, doch gerade im Nebel und Nieselregen der grauen Jahreszeit entfaltet die Mystik von Carinhall ihren ganz besonderen Charme.

Ausrüstung: Bequemes Wanderschuhwerk und Kleidung je nach Jahreszeit.

FAZIT: AUF DEN SPUREN DEUTSCHER VERGANGENHEIT AM GROßDÖLLNER SEE – GESCHICHTSSTUNDE HAUTNAH.

KOPFSTEIN-
PFLASTER-
IDYLL

≥ … auf Fotosafari in Templins Altstadt ≤

#18

Vom Café am Marktplatz hat man die beste Sicht auf das bunte Treiben in der Altstadt von Templin. Hier reihen sich Fachwerkhäuser an alte Stadttore, und süße Passagen sind für kleine Über-raschungen gut. Diese Fotosafari zeigt die besten Spots entlang der Stadtmauer.

Zwischen Backsteinen, Kopfsteinpflaster und urigen Fachwerkhäusern lassen sich kleine Perlen wie Brunnen im Hinterhof entdecken.

Startpunkt der Stadtsafari ist der kopfsteingepflasterte, von pastellfarbenen Fachwerkhäusern gesäumte Marktplatz. Die Baumkronen ragen in die Höhe, und das Wasser aus dem Brunnen glänzt in der Sonne. Am schönsten ist es, sich einfach über den Marktplatz treiben zu lassen. Nach einem letzten Foto vom Rathaus aus dem 18. Jahrhundert geht es durch die kleinen Gassen hindurch in Richtung Stadtmauer.

Doch Templin wäre nicht Templin, wenn hier nicht noch eine kleine Überraschung verborgen wäre. Von der Pestalozzistraße führt eine kleine Passage in ein richtiges Kleinod. Gesäumt von Blumengestecken, Zinntöpfen und alten Gemälden, steckt hier ein echtes Stück Templin. Im Café Flammerie Templino wird

das neue Dorfgerücht ausgetauscht, bevor es weiter in Richtung Stadtmauer geht.

Hier wartet ein Stück Geschichte zum Anfassen, das bei einem kleinen Spaziergang erkundet werden kann. Mitten in der knallgrünen Uckermark gelegen, wird Templin von einer steinernen Stadtmauer gesäumt. Schon seit dem Jahr 1300 zieht sich diese Stadtmauer wie ein roter Faden um die Stadt und lässt Spaziergänger bis heute einmal drum herumschlendern.

Durchbrochen wird die Mauer lediglich durch die Stadttore, die sich nach und nach zeigen. Ursprünglich gehörten drei Stadttore zur Mauer: das Mühlentor, das Prenzlauer Tor und das Berliner Tor. Woran man diese erkennt?

An ihren Türmen, von denen aus man früher ganz sicher einen wunderbaren Blick über die Umgebung hatte. Doch auch von hier unten ist die Stadt ein kleines Kopfsteinpflaster-märchen. Der Spaziergang führt nicht nur vorbei an uralten Häusern mit dicken Holz-balken, sondern auch am Stadtsee, den man zwischen dem Webertor und Prenzlauer Tor ganz besonders gut sehen kann.

Mittlerweile hat die Stadtmauer übrigens mehr als drei Tore. Diese wurden vor etlichen Jahren nach Stadtbränden als Mauerdurch-brüche gelegt. Kleine Herausforderung gefäl-lig? Dann einfach den Spaziergang verlängern und von Tor zu Tor ziehen. Informationstafeln, die sich entlang der Stadtmauer befinden, erklären genau, wieso die einzelnen Tore und Wiekhäuser, also Verteidigungshäuser, die für Nordostdeutschland nicht typischer sein könnten, erbaut wurden. Davon gibt es ent-lang der Mauer alle 20 bis 30 Meter sagen-hafte 50 Stück.

Wer Lust auf noch ein wenig Stadtidylle hat, der kann zurück zum alten Marktplatz schlen-dern und vorbei an der Sankt-Georgen-Ka-pelle aus dem 14. Jahrhundert bis zum Ber-liner Tor gehen. Von hier aus kann man ein letztes Mal das Flair dieser ehrwürdigen Stadt einatmen.

Hin & weg: Mit der Regionalbahn, z. B. der RB12, RB25 oder RB26, geht es direkt nach Templin. Von hier aus sind es 10 Minuten zu Fuß bis zur Altstadt.

Dauer & Strecke: Ca. 1 Std. ohne Fotostopp und Rast im Café. 3,5 km.

Beste Zeit: Ganzjährig. Besonders schön zeigt sich die Stadt im Sonnenuntergangslicht.

Ausrüstung: Angenehmes Schuhwerk für das Kopfsteinpflaster und eine Kamera für die besten Spots.

FAZIT: TEMPLIN, ZURÜCK INS MITTELALTER.

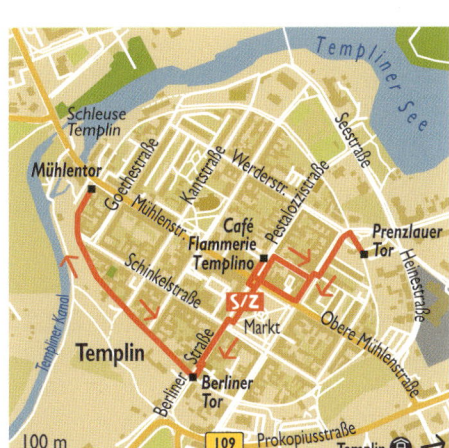

VOM BAUM IN DEN MUND

 … bei der Selbstpflücke in Elisenau

#19

Was könnte besser sein als Obst direkt vom Bauern? Ganz klar: Obst direkt vom Feld! In Elisenau vor den Toren Berlins ist genau das Realität – und eine wunderbare Beschäftigung für die ganze Familie. Ob frische Äpfel, Pflaumen, Beeren oder, oder, oder … hier wird selbst gepflückt.

Wer die schönsten Pflaumen in der Baumkrone wähnt, kann sich eine der vielen Leitern schnappen und allein nach oben klettern. Aber nicht vergessen, auch unten hängen saftige Exemplare.

Von der Hand in den Mund? Richtig Spaß macht das im idyllischen Örtchen Elisenau nordöstlich von Berlin, das von Berlin-Mitte in nur rund einer Stunde mit Zug und Bus oder mit dem Auto zu erreichen ist.

Kaum hat man Berlin hinter sich gelassen, macht sich die Natur in den wunderbarsten Farben bemerkbar. Der Spätsommer ist in vollem Gange und beglückt uns mit allerlei leckerem Obst und Gemüse aus nachhaltigem Anbau, das nur darauf wartet, geerntet zu werden. Hier in Elisenau wurde inmitten der Felder sogar ein kleiner Hofladen errichtet, wo weniger tatkräftige Selbstpflücker so manch frische Obst- und Gemüseerzeugnisse einfach erwerben können – und das zu einem erstaunlich fairen Preis. Neben einer Vielzahl unterschiedlicher Kürbissorten warten viele andere regionale Produkte auf die Einkäufer, etwa Äpfel, Birnen, Kirschen, Beeren oder auch frischer Apfelsaft direkt vom Bauern. Leckerer geht's nicht!

Wer sich nicht mit bloßem Shopping begnügen will und lieber selbst aktiv wird, der kann sich einen Korb schnappen und direkt in die saftig grünen Felder marschieren. Die aktuell zur Ernte freigegebenen Obstsorten sind mit Schildern ausgewiesen. Mal gilt es, saftige Äpfel direkt vom Baum zu nehmen, mal darf man Erdbeeren direkt vom Acker sammeln und mal die schönsten Pflaumen von den Bäumen pflücken.

Schöner und echter kann man nicht an eine Portion Obst kommen als bei der Selbstpflücke – irgendwann zwischen Spätsommer

und Frühherbst. Wenn einen die nachmittägliche Sonne bei der »Arbeit« an der frischen Luft in ein wohlig warmes Licht hüllt, ist das Landglück perfekt. Und das sonnengereifte Obst? Das schmeckt dann nicht nur wie frisch vom Landwirt, sondern eben wie selbstgepflückt. Mhhhhh!

Hin & weg: Ab dem Bahnhof Bernau geht es mit dem Bus 895 zur Seestraße in Elisenau und dann 2 Min. zu Fuß zum Pomona Gartenbau im Helenenauer Weg 2.

Beste Zeit: Je nach Erntezeit zwischen Juli und Oktober. Um zu erfahren, welches Obst reif ist, ruft man einfach das tagesaktuelle Erntetelefon unter 03338 757133 an.

Dauer: Je nach Anreiseart 1-3 Std.

Ausrüstung: Ein Korb und in den Sommermonaten eine Kopfbedeckung.

FAZIT: FRISCHER KANN OBST UND GEMÜSE KAUM SCHMECKEN, GANZ SICHER!

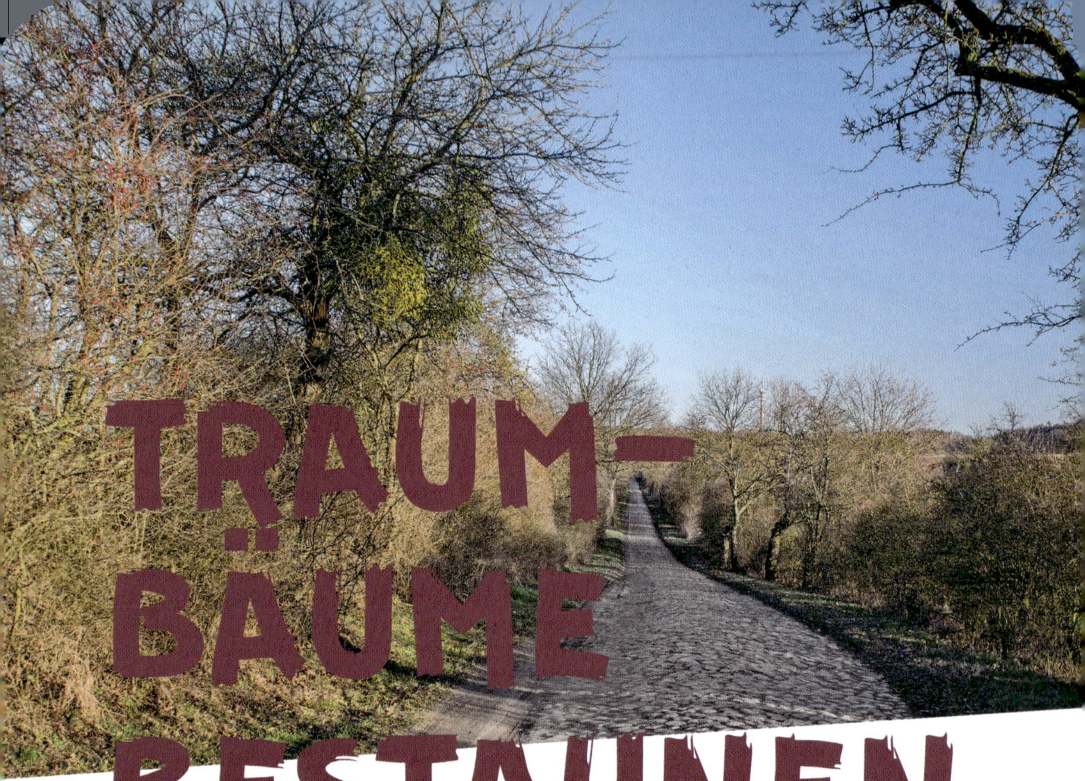

TRAUM-BÄUME BESTAUNEN

… im Grumsiner Buchenwald

#20

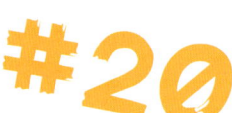

Wenn die Seen zugefroren sind und die Äste unter den Schuhen knacken, versprüht das Biosphärenreservat Schorfheide-Chorin einen ganz eigenen Charme. Für einen traumhaften Wintertag ist der zweistündige Rundweg perfekt.

#Winterromantik #Bilderbuchen #Weltnaturerbe #Ginteressant

Das Schönste an der kühlen Jahreszeit ist, die Natur im Winterschlaf zu beobachten.

Ein Wald, wie er im Buche steht: Versteckt im Biosphärenreservat Schorfheide-Chorin, stehen die Grumsiner Buchen seit 3000 Jahren ihren Mann. Während die dichten Wälder in den Sommermonaten zahlreiche Wandersleute anlocken, hat man das UNESCO-Weltnaturerbe im Winter fast für sich allein – wären da nicht die zahlreichen Tiere, die den 6,5 Kilometer langen Rundweg zum ganz besonderen Erlebnis machen. Er geht vorbei an wilden Mooren und 180 Jahre alten Buchen, die 30 Meter über dem knautschigen Wald-

boden aufragen. Vereinzelt glitzern Waldseen verwunschen im Sonnenlicht. Der Kaffee aus der Thermoskanne schmeckt in der Stille des Waldes noch besser, wenn er in der klaren Winterluft vor sich hin dampft.

Los geht's in Altkünkendorf. Neben der mittelalterlichen Feldsteinkirche gibt's im Infohäuschen Tipps für die Wanderung. Die startet man in westlicher Richtung und biegt an der Kreuzung links auf die Landstraße ab. Nach wenigen Hundert Metern ist man im Wald. Ab

Auch wenn die Buchen im Winter ihr Laub komplett verloren haben, säumen sie stets majestätisch den Wegesrand. Ein besonderer Genuss für unterwegs sind Äpfel aus der Region.

hier weisen markante orangefarbene Buchenblätter an den Bäumen den Weg.

Von nun an führt der Weg durch eine hügelige Achterbahnlandschaft, die von der Eiszeit geprägt wurde, durch den Wald, der gänzlich sich selbst überlassen wurde. Also nicht wundern, wenn der eine oder andere Baumstamm auf dem Wanderweg liegt.

Wer glaubt, im Winter sei hier nichts los, den belehrt der Grumsiner Buchenwald eines Besseren. Im Minutentakt schallen die aufgeregten Schreie der Kraniche durchs Geäst, wo sich auch die Meisen einen zwitschern. Mit Glück lässt sich sogar eine Wildgansformation über den kargen Baumkronen erspähen. Nach zwei Kilometern erreicht man den Buckowsee, auf dem sich schnatternde Enten augen- und ohrenscheinlich über das Schmel-

zen der dicken Eisdecke freuen. Der ideale Spot für eine erste Rast ist der Bilderbuchbaumstamm, der direkt am Ufer liegt. Gut gestärkt, geht es bergauf über den von Moos überzogenen Waldboden, bis man nach gut eineinhalb Stunden den Wald verlässt.

Hin & weg: Mit dem RE3 bis nach Angermünde und von hier mit dem Bus 452 in Richtung Grumsin bis zur Haltestelle Altkünkendorf Mitte fahren. Diese liegt gleich neben der Infostelle und dem Start des Rundwanderwegs. Alternativ fährt ein Rufbus. Infos dazu auf www.uvg-online.de

Dauer & Strecke: Ca. 2 Std. ohne Anreise und Ginstopp. 6,5 km.

Beste Zeit: Ganzjährig. Besonders idyllisch aber im Januar und Februar, wenn man den Wald (fast) für sich allein hat.

Ausrüstung: Bequeme Wanderschuhe, Fernglas, Proviant und eine Thermoskanne mit wärmendem Kaffee oder Tee.

Idylle pur: Am Ende des Wanderwegs steht eine Bank in so perfekter Natur, dass man nur noch vom Gedanken an den wärmenden Gin im Dorfkern zum Aufstehen motiviert wird. Das Ziel ist nah!

Tipp: Wer den orangefarbenen Markierungen weiter folgt, kann dem Künstlerpaar Tucholke-Bonnet einen Besuch im Atelier abstatten.

Oder lieber noch eine Rast? Kurz nach der Lichtung steht eine Holzbank, die perfekt für ein Picknick ist. Mit weitem Blick auf die Felder schmeckt es noch besser. Von hier aus sieht man bis nach Altkünkendorf, das idyllisch ins Tal gebettet ist. Dort ist auch das Ziel: der Kirchturm von Altkünkendorf.

Der Weg zurück führt 20 Minuten über eine gerade Pflasterstraße, die von wilden Wacholdersträuchern gesäumt ist. Die roten Perlen stellen übrigens die Belohnung nach der Wanderung dar. Aus ihnen wird in der Grumsiner Brennerei im Ortskern lokaler Gin hergestellt. Vom Wald in den Mund – so kann er enden, der winterliche Wandertag im Buchenwald.

FAZIT: UNTER DEN GRUMSINER BUCHEN DEM TIERREICH LAUSCHEN MACHT IM WINTER BESONDERS VIEL SPAß!

2. KAPITEL
AUSFLÜGE

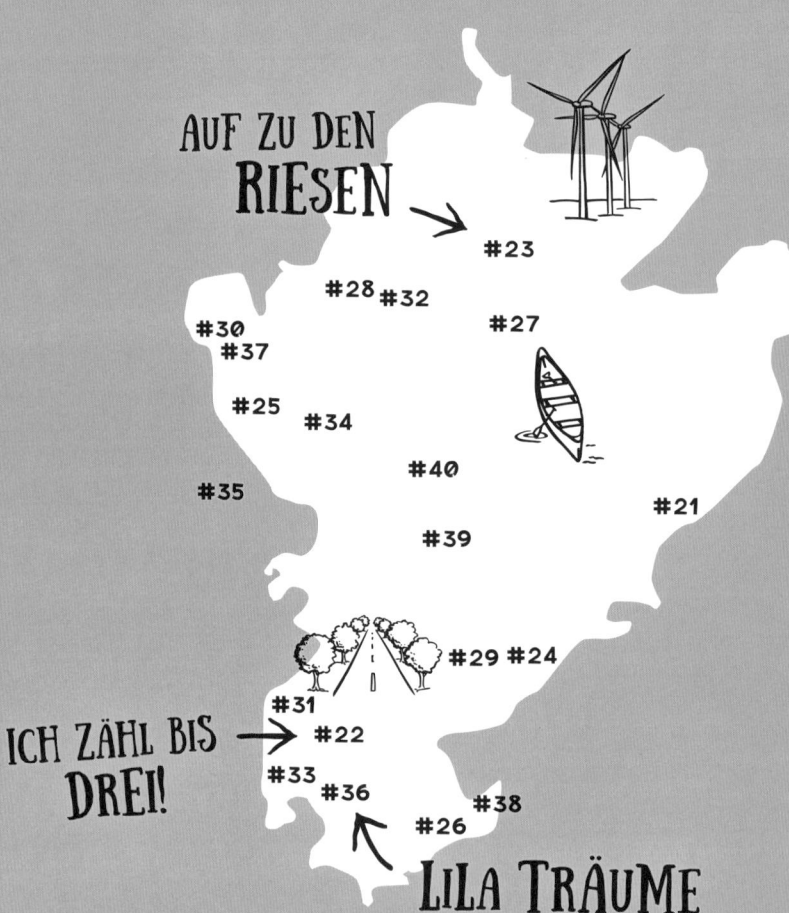

AUF ZU DEN **RIESEN** →
#23

#28 #32

#27

#30
#37

#25   #34

#40

#35

#21

#39

#29 #24

#31

ICH ZÄHL BIS → #22
DREI!

#33 #36

#38

#26

LILA TRÄUME

Raus für einen Tag

*Durch die blühende Heide schlendern,
beim Radeln ins Schwitzen kommen und
den endlosen Wanderwegen folgen –
ein Tag in.der Natur kann so vielfältig sein.*

12 H

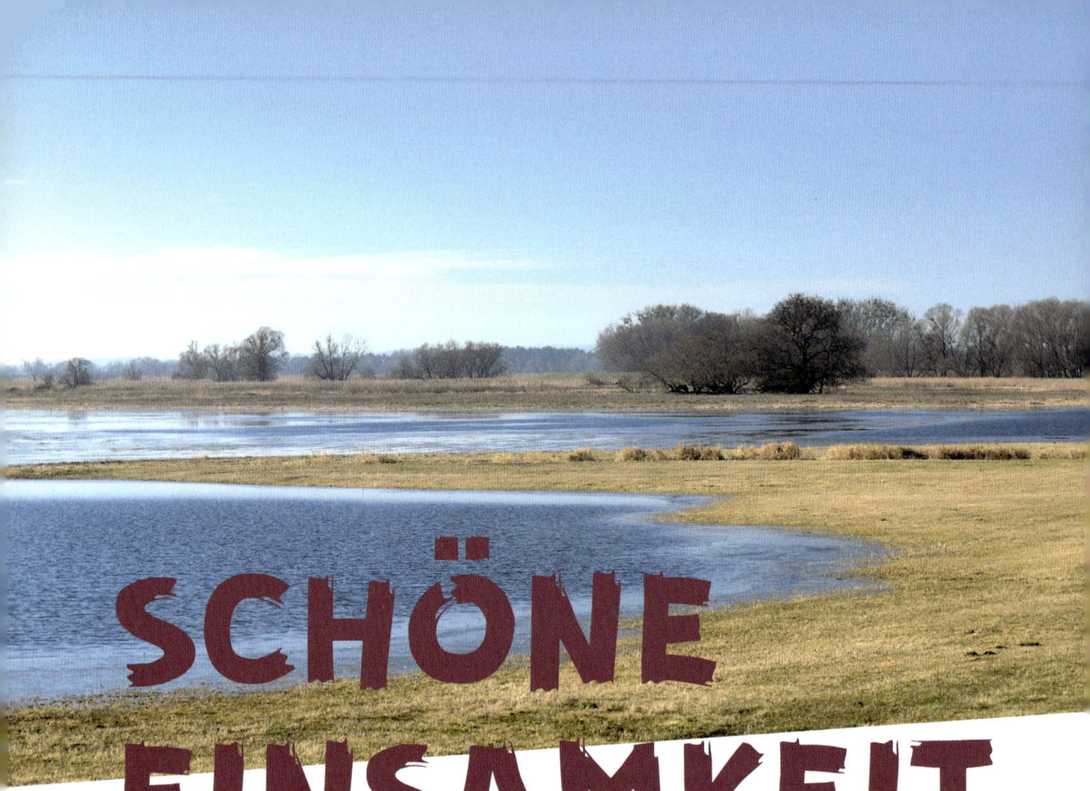

SCHÖNE EINSAMKEIT

… im Nationalpark Unteres Odertal

#21

Ein Auenland gibt es nur bei den Hobbits? Von wegen. Der Nationalpark Unteres Odertal, unmittelbar an der deutsch-polnischen Grenze gelegen, verspricht zu jeder Jahreszeit schier endlose Deichwege und einen der artenreichsten Lebensräume Deutschlands.

#endlichRuhe #anderOder #unterschätztesOdertal #mitdemRadlda

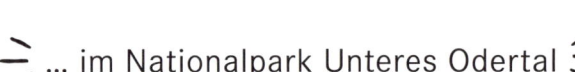

Frühling, Sommer, Herbst oder Winter:
Das Untere Odertal ist immer eine
Reise wert.

Ruhe, Weite, Abgeschiedenheit: Der Nationalpark Unteres Odertal begeistert mit einer der
schönsten Naturlandschaften Deutschlands.
Um die volle Schönheit der Gegend an nur
einem Tag zu entdecken, sollte man ordentlich in die Pedale treten.

Am besten startet man die Tour im Ort Criewen, denn dort befindet sich das Besucher-
zentrum Unteres Odertal, in dem man sich
schon vorab ein Grundwissen aneignen kann.
Hier lernt man anhand von Schautafeln und

Miniaturnachbauten alles über die Flora und
Fauna des Nationalparks. Genug Know-how
gesammelt? Dann ruft als erstes Ziel des Tages die Stadt Schwedt/Oder, wofür man dem
Deich in nordöstliche Richtung folgt.

Von den bestens ausgebauten Wegen lässt
sich Deutschlands einziger Flussauen-Natio-
nalpark von seiner besten Seite erleben. Natur Natur sein lassen – das ist hier das Credo,
und dessen Umsetzung gelingt im schma-
len Tal mit den angrenzenden Oderhängen

Von der Anhöhe des Stolper Turms hat man einen unvergesslichen Blick auf die weite Naturlandschaft der Oder.

ziemlich gut. Raum dafür gibt es genug, genau genommen 120 Kilometer Deichwege.

So geht es immer den Deich entlang und damit mitten durch die Natur, die vor allem durch die im Winter überschwemmten Wiesen als wichtiges Brut-, Rast- und Überwinterungsgebiet für Vögel bekannt ist. Ein echtes Wunderland für Ornithologen. Sage und schreibe 292 Vogelarten wurden in den ver-

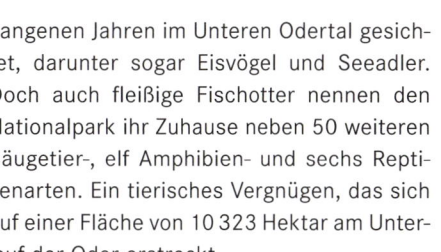

Sitzen und genießen: Der Blick geht dabei sogar bis nach Polen.

gangenen Jahren im Unteren Odertal gesichtet, darunter sogar Eisvögel und Seeadler. Doch auch fleißige Fischotter nennen den Nationalpark ihr Zuhause neben 50 weiteren Säugetier-, elf Amphibien- und sechs Reptilienarten. Ein tierisches Vergnügen, das sich auf einer Fläche von 10 323 Hektar am Unterlauf der Oder erstreckt.

Kleine Verschnaufpause gefällig? Dann können wir einen süßen Stopp im schön gelegenen Eiscafé Silke Berkholz in Schwedt/Oder empfehlen, auch wenn sich dahinter eigentlich nur ein kleiner Eiswagen direkt am Wasser verbirgt.

Batterien wieder aufgeladen? Dann steht nun der größte Teil der Tagestour an: die Strecke in südwestliche Richtung mitten durch den Nationalpark nach Stolpe, wo ein echtes i-Tüpfelchen auf seine Besucher wartet. Der dortige Stolper Turm thront über der Landschaft und lädt dazu ein, es sich auf einer der vielen Bänke gemütlich zu machen. Proviant dabei? Der schmeckt bei diesem Panoramablick mit Sicherheit noch besser.

Ein ganz besonderer Tipp: Jedes Frühjahr lädt der Nationalpark Unteres Odertal zu den Singschwantagen ein. Besucher erfahren alles über die singenden Schwäne und können sie mit eigenen Augen in der winterlichen Auenniederung beobachten.

FAZIT: EIN TAG IM UNTEREN ODERTAL BIETET MÄRCHENHAFTE NATUR UND TIERISCH GUTE AUSSICHTEN.

Hin & weg: Ab Bahnhof Schwedt/Oder die Buslinie 468 nach Angermünde Bahnhof nehmen. Ausstieg beim Criewen Nationalparkzentrum.

Dauer & Strecke: Die Strecke Criewen-Schwedt-Stolpe hat rund 40 km, die sich nach Lust und Laune erweitern lassen. Tipp: Einfach anhalten, wo es gefällt.

Beste Zeit: Der Nationalpark Unteres Odertal hat in jeder Jahreszeit seine Reize. Vom tiefen Nebel im Herbst über die vereiste Winterlandschaft bis zu den riesigen Vogelschwärmen im Frühling und einer wahren Blütenpracht im Sommer ist er immer einen Besuch wert.

Ausrüstung: Fahrrad und Proviant für unterwegs.

INSEL-
TRÄUME

> ... Liepnitzsee und Großer Werder <

#22

Ins saftig grüne Gras legen. Die Augen schließen und die Stille genießen. Danach ein wilder Sprung ins kühle Nass. Und dann? Dann alles noch mal von vorn, so lange, wie es Freude macht. Das und mehr bietet der bilderbuchhafte Liepnitzsee vor den Toren Berlins.

Eine idyllische Lage in der Natur, klares Wasser und angenehm saubere Strände: Der Liepnitzsee bei Wandlitz gehört nicht ohne Grund zu den beliebtesten Badeseen im Berliner Umland.

Die einfachste Anreise hat man mit der Heidekrautbahn (RB27) nach Wandlitz, von wo aus man dann einfach zu Fuß zum Waldbad am Liepnitzsee spaziert. Eins ist sicher: Bereits der erste Blick wird einen umwerfen. Er

Kleine Rauszeit in der Natur gefällig? Der Liepnitzsee genießt bei Generationen von erholungssuchenden Hauptstädtern Kultstatus.

schweift vorbei an einer grünen Liegewiese, einem kleinen Sandstrand, einem zuckersüßen Steg und vor allem über fast schon unwirklich türkisblau schimmerndes Wasser hinweg hinüber zu einer dicht bewaldeten Insel: dem Großen Werder.

Dabei ist der abgeschottete Liepnitzsee schon lange kein Geheimtipp mehr. Das Kleinod wusste schon Walter Ulbricht zu schätzen. Zusammen mit Egon Krenz und anderen hochrangigen DDR-Funktionären aus der nahe gelegenen Waldsiedlung Wandlitz (Eskapade #4) schuf er in den 1960er-Jahren einen kleinen Rückzugsort.

Auch heute lockt der Liepnitzsee mit einem öffentlichen Waldbad samt Bootsverleih, Kinderbecken, Imbiss und mehr. Es scheint für wirklich alles gesorgt. Vor allem aber auch für abgeschiedene Badestellen abseits der großen Liegewiesen. Solche, die sich zumindest im Sommer gekonnt hinter dichten Büschen und Gräsern verstecken und die man – vorausgesetzt, man kommt schon am Morgen – ganz für sich allein hat. Kein Wunder, dass sich der eine oder die andere hier so ungestört fühlt, dass man sich sogar sämtlicher Badekleidung entledigt.

Alle, die das Baden für bedenklich halten, weiß der 117 Hektar große See übrigens zu überraschen. Entstanden in der Weichseleiszeit, ist er grundwassergespeist und bietet klares, sauberes Wasser. Dem Sprung ins kühle Nass steht also nichts im Wege.

Die Krönung des Sees hingegen wird liebevoll Frieda genannt – nach der Enkelin eines ehemaligen Inselpächters. Die kleine Fähre fährt in den Sommermonaten vom Nordufer des Sees unweit von Ützdorf auf die Insel Großer Werder. Neben einem Campingplatz finden Besucher dort die Insulanerklause mit einer über hundertjährigen Geschichte vor. Damit ist sie also beinahe so alt wie die Kastanienbäume und Linden des urigen Biergartens.

Tipp zur Anreise: Der Ausflug lässt sich besonders gut mit einer Radtour verbinden. Einfach das Fahrrad mit in den Zug oder die S-Bahn nehmen und zum Beispiel von der S-Bahnstation Bernau (S2, dann etwa 45 Minuten Radtour) oder Mühlenbeck-Mönchmühle hinradeln (ungefähr eine Stunde mit dem Rad).

FAZIT: DIE ALLTAGSSORGEN EINFACH WEGBADEN – IN DER POSTKARTENIDYLLE DES LIEPNITZSEES KEIN PROBLEM.

Hin & weg: Mit der Heidekrautbahn (RB27) bis Wandlitz, von dort zu Fuß zum Waldbad. Alternativ mit der Berliner S-Bahn bis Bernau und dann per Bus bis zur Waldsiedlung und von dort ca. 30 Min. zu Fuß.

Dauer: Der Liepnitzsee ist perfekt für einen Ganztagesausflug geeignet.

Beste Zeit: Die Sommermonate sind Bilderbuchzeit.

Ausrüstung: Badesachen und Häppchen für die Liegewiese.

WINDRAD UND TAT

⇒ … radeln zu den Windrädern von Prenzlau ⇐

#23

Den riesigen Windrädern einmal so richtig nahe kommen? Das kann man bei einer entspannten Fahrradtour ins Umland von Prenzlau, die vorbei an großen Kornspeichern, einem alten Schloss und einer Schaubauernkäserei führt, womit sich gute Gelegenheiten für Zwischenstationen bieten.

Umringt von den Riesen der Lüfte tritt es sich besonders ambitioniert in die Pedale, um die Umgebung von Prenzlau zu erkunden.

Windräder sind echte Giganten und die markantesten Wegpfeiler der Nation. Um sie einmal aus nächster Nähe zu begutachten, schwingt man sich in Prenzlau auf den Draht-esel. Wer kein Rad hat, kann sich Leihräder und E-Bikes auch direkt am Bahnhof Prenzlau ausleihen, wo die Tour startet.

Zuerst geht es in nordöstlicher Richtung auf der Stettiner Straße wenige 100 Meter in Richtung Zentrum, bevor man an der ersten Ampel links auf die Brüssower Allee abbiegt. Jetzt kommt man durch typisch brandenburgische Vorstadtidylle, bis man immer weiter auf die Kornfelder hinausradelt. Bereits zwi-

Hin & weg: Ab/bis Bahnhof Prenzlau.

Dauer & Strecke: Zwischen 4 und 6 Std. Ca. 50 km.

Beste Zeit: Frühling und Frühsommer.

Ausrüstung: Fahrrad und ausreichend Getränke. Fahrräder kann man bei Rad der Stadt Prenzlau leihen (www.rad-der-stadt-prenzlau.de/verleih).

schen Schenkenberg und Tornow kommt man den Windrädern extrem nah und nicht selten sogar bis zum Fuße der Giganten. Ein kurzes Absteigen lohnt sich.

Ungewöhnlich wird es in Tornow: Dort trifft man mit dem alten Schloss auf ein altes Gebäude, das 1772 von der Familie von Holtzendorff erbaut wurde und seit 1993 unter Denkmalschutz steht. Unbedingt nebenan einen Blick auf den Kirchturm werfen, der die älteste Glocke der Uckermark beheimatet.

Weiter geht's über Damerow und Nieden auf einen Teil des Radfernwegs Berlin–Usedom. Also nicht wundern, wenn es plötzlich nur so wimmelt von Radfahrern, schließlich erfreut sich der Radfernweg ungebrochener Beliebtheit. Ein bei vielen sehr beliebter Stopp ist die

Bauernkäserei in Bandelow, der perfekte Ort für eine kulinarische Rast. Bei einer kleinen Brotzeit mit frisch hergestelltem Käse, Wurst aus eigener Produktion und anderen regionalen Leckerbissen kann man die Batterien im Handumdrehen wieder aufladen, bevor es über Schönwerder allmählich zurück in Richtung Prenzlau geht. Den Blick dabei natürlich auf die romantische Windradsilhouette am Horizont gerichtet.

FAZIT: SICH EINMAL GANZ KLEIN FÜHLEN BEI EINER RADTOUR ENTLANG DER WINDRADGIGANTEN RUND UM PRENZLAU.

SCHLEUSEN-WANDERN

 ... auf dem Treidelweg in Niederfinow

#24

Es gab Zeiten, in denen alle Schleusen in der Uckermark von Hand gekurbelt wurden. Noch heute gibt es davon 13 Stück, und genau die kann man perfekt mit dem Fahrrad abradeln – auf dem historischen Treidelweg.

#vonSchleusezuSchleuse #rumschleusen #ohneBootwaslos #TreidelRad

Reh-kapituliert: Auf tierische Begegnungen sollte man im Barnimer Land gefasst sein.

Hier steht die Zeit still. Und zwar genau so lang, bis das nächste Boot den Anker wirft und darauf wartet, eine der Schleusen im Kanalsystem rund um Niederfinow zu durchqueren. Doch das kann eine Weile dauern …

Schneller geht es da mit dem Rad voran. Denn für alle Fahrradfahrer führt ein idyllischer Radweg direkt am Ufer des Finowkanals entlang. Los geht es am Stadthafen Liebenwalde. Von hier aus weist der rote Balken an den Bäumen oder Laternen den Weg vorbei an

Schilf und Schwimmblattpflanzen, die üppig entlang des Kanals wachsen. Immer wieder wird die absolute Ruhe einzig vom Plätschern der vorbeirauschenden Kanuten gestört.

Bereits nach knapp 8,5 Kilometer Radeln erreicht man die erste von insgesamt 13 historischen Schleusen, die im Sommer am Finowkanal geöffnet haben: die Ragöser Schleuse, die das Ragöser Fließ dazu bringt, in den Finowkanal einzumünden. Hier sollte man sich unbedingt die Zeit nehmen, einen kleinen

Ein Gigant aus Stahl: Das Schiffshebewerk Niederfinow ist unter Schifffahrtfans eine Legende.

ein wenig abzuschalten. Der nächste Stopp auf dem Radweg, den man nicht verpassen sollte, ist das größte technische Denkmal der Region: das Schiffshebewerk Niederfinow. Dieser Koloss kann heute Schiffen dabei helfen, einen Höhenunterschied von 36 Metern zwischen Oder und Havel zu überwinden.

Wer übrigens lieber auf dem Boden der Tatsachen bleibt und sich das Spektakel von unten anschauen will, darf einen kurzen Stopp im Restaurant Zum Barnimer Holzmich'l nicht verpassen. Hier gibt es zünftige Hausmannskost, die gleich auf dem Rad wieder abtrainiert wird.

Fotostopp einzulegen, bevor es zu einer kurzen Verschnaufpause auf die Kanalwiese von Eberswalde geht. Die ist nämlich vor allem unter den Studierenden der Hochschule von Eberswalde ein beliebter Ort, um einfach mal

Ab hier wird der Radweg richtig idyllisch. Denn von nun an gibt es weder feste Straßen noch nennenswerten Gegenverkehr. Die Rä-

Von der Riesenschleuse bis zu kleinen Kanälen: Der Treidelweg hält so einige Überraschungen bereit — und dazu jede Menge Grün.

der müssen zwar ab und zu über die Schleusen geschoben werden, um den Kanal zu überqueren. Doch das ist ganz sicher die einzige Herausforderung.

Wer möchte, kann noch einen Stopp im Örtchen Oderberg einlegen und sich dort den Dampfer Riesa anschauen (Eskapade #44). Für alle, die noch ein bisschen Schwung in den Waden haben, geht's direkt weiter zum Bahnhof Bad Freienwalde.

Schon gewusst? Der Finowkanal ist eine der ältesten künstlichen Wasserstraßen Deutschlands, die noch aktiv in Betrieb sind. Einziger Unterschied zu früher: Die meisten Schleusen werden heute nicht mehr mit Muskelkraft und Pferdestärken, sondern mithilfe von Maschinen »getreidelt«.

Hin & weg: Mit dem Zug geht es bis zum Bahnhof Löwenberg (Mark) und von dort aus mit dem Bus 831 nach Liebenwalde. Alternativ kann auch schon dieses Stück à 16,5 km geradelt werden.

Dauer & Strecke: Ca. 3 Stunden reine Fahrzeit, allerdings ohne Verschnaufpause und Einkehroptionen auf dem Weg. Man kann hier locker einen ganzen Tag verbringen. 58,5 km.

Beste Zeit: Frühling und Sommer, wenn die Schleusen bis zum späten Nachmittag noch per Hand getreidelt werden.

Ausrüstung: Ein bequemes Rad, genug zu trinken und eine Kamera, um die alten Schleusen fotografisch festzuhalten.

KLEIN, ABER FEIN

⋝ ... unterwegs in der Kleinen Schorfheide ⋜

#25

Die Kleine Schorfheide liegt zwischen Lychen und Templin und bietet den perfekten Mix aus Wäldern, Mooren, Seen und historischen Spuren. Um all das zu erleben, braucht man nicht viel – nur gute Wanderschuhe und den richtigen Weg.

Mit einer Fläche von 73,75 Quadratkilometern ist die Kleine Schorfheide gar nicht mal so klein. Und doch lässt sich das Gebiet im Norden Brandenburgs in einer kleinen, aber feinen Wanderung einkreisen.

Los geht es in Templin, wo sich der Charme des alten Marktplatzes mit den vielen Passagen abwechselt, die sich überall im Zentrum der Stadt verstecken. Wer hier ein wenig Zeit hat, sollte im Café Templino mit einem Kaffee in den Tag starten. Von Templin aus geht es zuerst zum offiziellen Startpunkt der Wanderung durch die Kleine Schorfheide. Denn ab hier leitet der mit einem gelben Kreuz markierte Weg quer durch das Naturschutzgebiet.

Vom Parkplatz in Annenwalde wandert man erst einmal durch einen Mischwald. Wer ge-

Seeidylle oder Wiesenflair? Man kann sich kaum ent-
scheiden. Gut, dass man das auch nicht muss.

nau hinschaut, findet hier sogar einige Bäume,
auf denen noch Markierungen der sowjeti-
schen Soldaten zu finden sind. Ein Blick auf
die kyrillischen Zeichen fühlt sich an wie ein
ganz kurzer Sprung in die Vergangenheit.

Wer jetzt dem sandigen Weg folgt, kann bald
die glitzernde Wasseroberfläche des Kleinen
Kramssees hinter den Kiefern und Birken erkennen. Hier steht ein Infopunkt, an dem die
Geschichte des ehemaligen Truppenübungs-
platzes beschrieben wird. Heute ist dieses
Gebiet ein reines Wildnisgebiet – mit zahlrei-
chen Spuren der Vergangenheit.

Weiter geht es durch die Natur, vorbei am
Großen Beutelsee und zum Rastplatz Havel-
blick, dem perfekten Ort, um den Proviant
auszupacken. Denn noch ist die Wanderung
nicht zu Ende. Übrigens gehört die Kleine
Schorfheide zum Naturpark Uckermärkische
Seen und ist mit ihrer großflächigen eiszeit-
lich entstandenen Sanderfläche ein wertvoller
Bestandteil des gesamten Parks. Kein Wunder
also, dass es ab und an ein wenig auf und ab
geht. Einen Eindruck davon bekommt man am
besten vom Aussichtsplateau aus, das kurz
nach dem Rastplatz auf der linken Seite liegt.

Ab jetzt geht es in den Endspurt, nämlich an
der Schleuse Kannenburg vorbei und zurück
zum Start, der allerdings gar nicht mal so einfach zu finden ist, denn die Beschilderungen
sind ab hier etwas dürftig. Wer jedoch den
verwitterten Begrenzungen aus Balken folgt,
findet den Weg nach Annenwalde.

**FAZIT: AUS DIESER WANDERUNG KÖNNTE
MAN LOCKER AUCH EIN GANZES WOCHEN-
ENDE MACHEN!**

Hin & weg: Am einfachsten startet man in Templin
und wandert dann von dort aus nach Annenwalde.
Wer mit dem Auto unterwegs ist, kann dieses auch
direkt am Parkplatz in Annenwalde abstellen.

Dauer & Strecke: Ca. 4 Std. ohne Rast und Stopp in
Templin, empfohlen ist aber ein ganzer Tag, um die
Region richtig zu genießen. Wanderung ca. 20 km.

Beste Zeit: Optimal ist ein Besuch der Kleinen
Schorfheide im Frühling und Sommer, obwohl die
kühleren Jahreszeiten auch ihren ganz eigenen
Charme haben.

Ausrüstung: Bequeme Wanderschuhe, ausreichend
Proviant und ein Fernglas n, um die heimische
Tierwelt ganz aus der Nähe beobachten zu können.

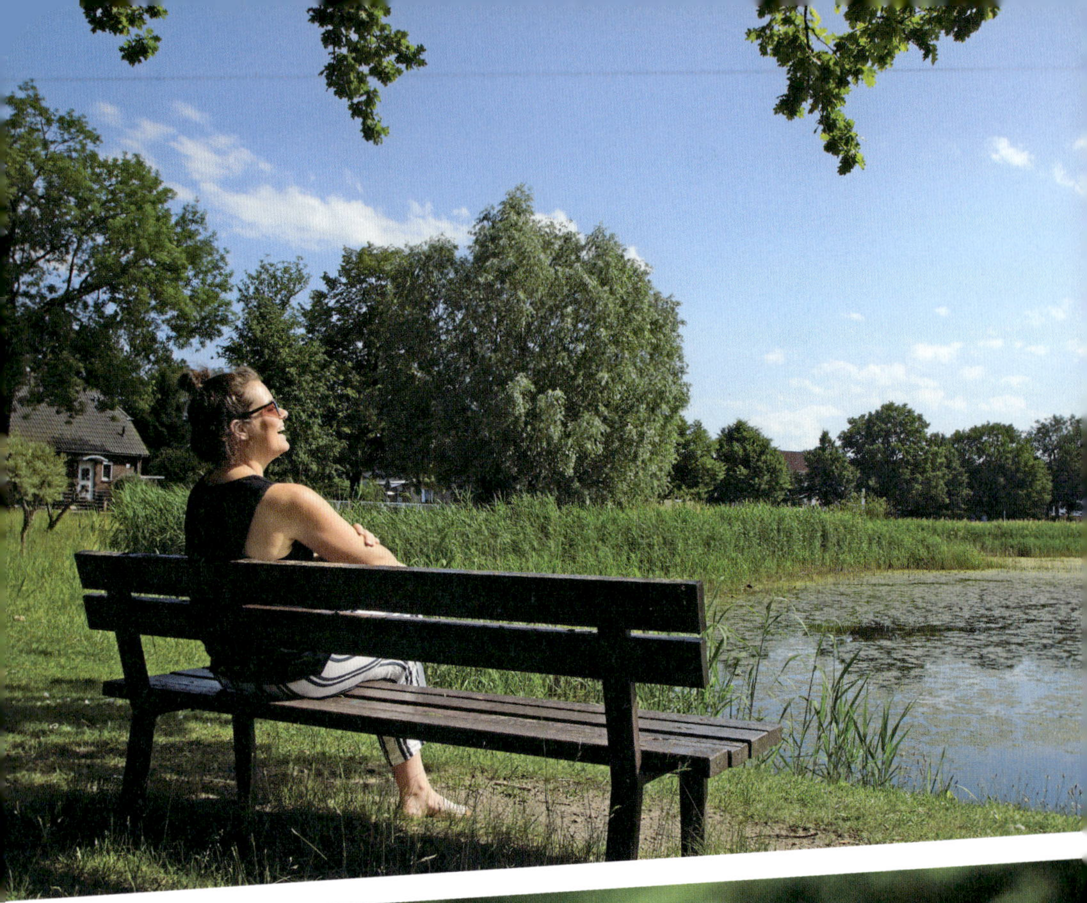

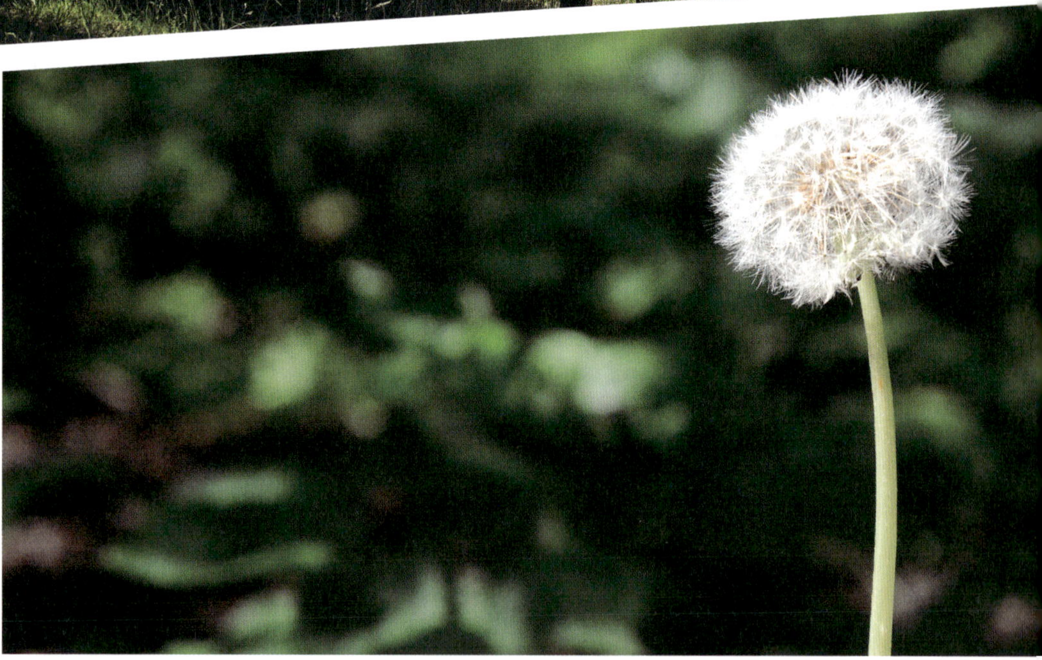

AUF JAKOBS SPUREN

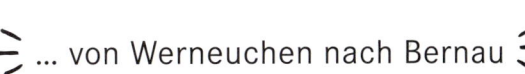

... von Werneuchen nach Bernau

#26

Schon seit dem 12. Jahrhundert durchzieht der Jakobsweg Europa wie ein Spinnennetz, und ein Teil davon führt mitten durch das Barnimer Land. Über Stock und Stein folgt man dem gelben Zeichen der Jakobsmuschel.

Drei Farben passen hier besonders gut zusammen: Grün, Gelb und Blau.

Jakobswegs führt mitten durch Brandenburg, von der Oder bis nach Berlin, und beginnt in Frankfurt (Oder).

Für den Ausflug ins Barnimer Land bietet sich der Streckenabschnitt ab Werneuchen bis nach Bernau an. Die Wanderung verläuft durch Felder, Ortschaften und dichte Wälder.

Los geht's am Bahnhof Werneuchen. Von hier aus wird es erst einmal architektonisch interessant, denn der Weg führt vorbei an der Kirche Sankt Michael und am Schloss Werneuchen. Nicht weit von hier gelangt man über die Berliner Allee zum Ortseingang Löhme und somit mitten hinein in die grüne Landschaft des Barnimer Landes.

Von den wichtigsten Teilen des Jakobswegs in Spanien oder Frankreich hat man vielleicht schon mal gehört. Doch wer kennt die Abschnitte am Ursprung dieser berühmten Pilgerroute? Richtig gelesen. Die Nordroute des

Im Herzen von Löhme liegt der Löhmer Haussee, um den ein idyllischer Rundweg herumführt. Erst geht es entlang von Seegrundstücken (man darf ja mal träumen ...) und dann über einen kleinen Hügel, der westlich des

Schilf ahoi! Süßgräser gibt es im Barnimer Land wie Sand am Meer. Doch auch die Mohnblume entfaltet hier ihre strahlende Pracht.

Sees liegt. Achtung, ab jetzt wird es abgelegen, denn in Höhe der Dorfkirche führt der Jakobsweg durch das Dorf, über die Bernauer Chaussee und hinein in einen etwa zwei Kilometer langen Feld- und Waldweg, auf dem Vögel zum Zwitscherkonzert laden.

Kleiner Tipp für Geocacher: Hier in der Nähe liegen ein paar Caches versteckt, mehr dazu in Eskapade #8.

Vorbei an prächtigen Baumkronen verläuft die Etappe nun weiter bis in die Ortschaft Börnicke. Ein kleiner Spaziergang durch das 500-Seelen-Dorf zeigt, wie schön verschlafen Brandenburg sein kann. Über die Börnicker Chaussee geht es in den Endspurt, und zwar bis nach Bernau mit seiner schönen Stadtmauer. Wer jetzt Lust auf etwas Süßes hat,

hat es nicht mehr weit bis zum alten Postamt in Bernau, in dem heute Eis aus eigener Herstellung verkauft wird. Eine Kugel Eis, die man mehr als verdient hat!

Hin & weg: Mit der Regionalbahn am besten bis zum Bahnhof Werneuchen fahren, von hier aus zu Fuß weiter.

Dauer & Strecke: Ca. 6 Std. für 23 km.

Beste Zeit: Frühling und Sommer, je nach Temperaturen.

Ausrüstung: Sehr gutes Schuhwerk, Sonnenschutz, Kopfbedeckung und genug Wasser.

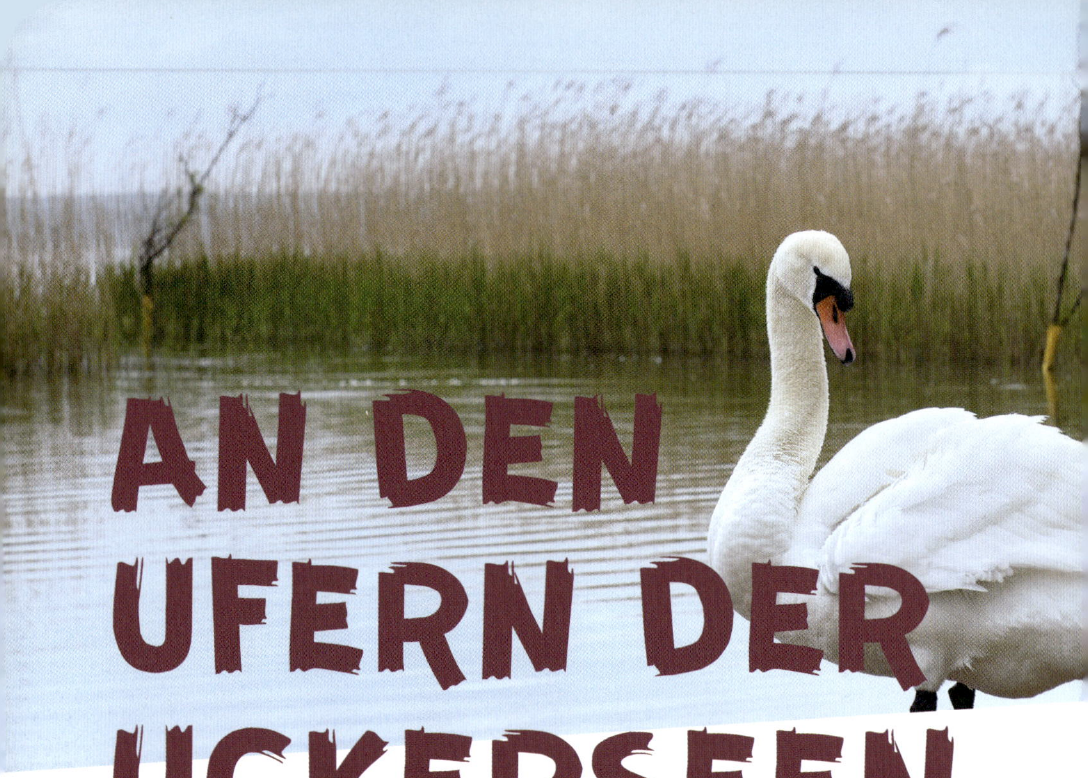

AN DEN UFERN DER UCKERSEEN

... Radtour am Ober- und Unteruckersee

#27

Mit dem Fahrrad einmal um den Oberuckersee und den Unteruckersee herum. Klingt langweilig? Von wegen. Was einen bei dieser Tour erwartet, ist ein wahrer Augenschmaus zwischen urigen Anlegeplätzen und völliger Naturbelassenheit.

#einRadlerbitte #obercool #unterschätzt #indiePedale

Ruhig schaukelnde Boote: der perfekte Anblick für die Rast bei einer Fahrradtour.

Lust auf eine ganztägige Radtour? Dann kommen der Oberuckersee und der Unteruckersee südlich von Prenzlau wie gerufen. Beide lassen sich entweder separat umradeln oder aber geschickt zu einer großen Rundtour miteinander verbinden. Die große Seentour führt über Seehausen, Potzlow, Fergitz und Suckow mitten durch das Biosphärenreservat Schorfheide-Chorin um den Oberuckersee und damit durch das Vogelschutzgebiet Uckerniederung und das Flora-Fauna-Habitat Uckerseewiesen. Mit anderen Worten: Mehr Natur geht nicht!

Am besten beginnt man eine Radtour in Warnitz und fährt von dort nach Seehausen. Nicht verpassen sollte man bei dieser Gelegenheit die Fachwerkkirche aus dem 18. Jahrhundert. Weiter geht es auf einfachen, geraden Radwegen in Richtung Potzlow, wo man an einem

An den Ufern beider Seen verstecken sich echte Kleinode — manche Ecken sind liebevoll geschmückt. Genauer hinsehen lohnt sich.

weiteren Highlight vorbeikommt: dem »Mittelpunkt der Uckermark«. Wer Lust auf einen kleinen Bootsausflug hat, kann diese Rast mit einer kleinen Schifffahrt kombinieren – die Fahrräder können sogar mitgenommen werden. Kann es etwas Schöneres geben als den Blick auf diese wunderbare von der Eiszeit geprägte Naturlandschaft?

Ambitionierte Radfahrer, die am Ende der Strecke noch Zeit und Kraft in den Waden übrig haben, können die Radtour mit der 32 Kilometer langen Strecke um den Unteruckersee verbinden. Hier lockt seltene Flora und Fauna vom Fischadler bis zum Seeadler, vom Fischotter bis zum Biber.

Wer spätestens hier eine kleine Rast nötig hat, dem sei der Anlegeplatz Röpersdorf ans

Herz gelegt. Die etwas abseits vom Radweg liegende Badestelle wurde von Lokalmatador Hansi Schröder persönlich verziert und hat nicht selten den einen oder anderen prächtigen Schwan an seinen Ufern zu Gast. Ein perfekter Ort für eine Verschnaufpause und ein kleines Picknick.

Wem ein Picknick nicht reicht, auf den wartet auf der anderen Uferseite des Unteruckersees das Restaurant Am Kap, das seine Gäste mit vegetarischen Gerichten quer durch den Garten ebenso wie Spezialitäten vom Landschwein und, wie sollte es hier anders sein, frischem Fisch verwöhnt.

Eine kleine Runde durch die Natur gefällig? Die Wege entlang der Seen eignen sich ideal dafür. Wer doch lieber hier und da auch mal

Mit jedem zurückgelegten Meter dieser herrlichen Radtour verändert sich der Blickwinkel auf die üppige Schönheit der beiden Uckerseen.

vom Rad steigen möchte, kann die Radtour problemlos zu einem gemütlichen Tagesausflug umgestalten. Optionen für kleine und größere Pausen gibt es reichlich.

FAZIT: HERRLICHE AUSBLICKE AUF SEEN, WIESEN UND FELDER ENTLANG GUTER RADWEGE. DAS BRINGT SPAß FÜR JEDES ALTER!

Hin & weg: Ab Warnitz in Richtung Seehausen und für ganz Verrückte andersrum.

Dauer & Strecke: 5–8 Std. für ca. 50 km.

Beste Zeit: Im Sommer macht die Radtour am meisten Spaß.

Ausrüstung: Ein gutes Fahrrad, Vesper und Badesachen.

KAFFEE-
KLATSCH

⤜ ... im Boitzenburger Land ⤛

#28

Sanft hügelig und knallgelb. So in etwa kann man sich das Boitzenburger Land mitten in Barnim vorstellen. Oder man erlebt es einfach selbst auf einer Radtour zwischen Feldern, Cafés und kleinen Dörfern, die fast schon Adelsblut haben.

Prächtige Alleen, adelige Anwesen: Das Boitzenburger Land gleicht einem Kurzurlaub in einer anderen Welt.

Auf einer saftig grünen Wiese thront Schloss Boitzenburg, und das seit mehr als 700 Jahren. Umgeben von den dichten Wäldern und schillernden Seen der Norduckermärkischen Seenlandschaft, ist die ehemalige Residenz der hier bekannten Adelsfamilie von Arnim bis heute ein schöner Stopp. Die Radtour durch die Dörfer rund um das Schloss und zu kleinen, geselligen Cafés der Region startet hier.

Los geht's direkt gegenüber im Marstall Boitzenburg. Was früher ein Stallgebäude war, ist heute ein Mekka für Schleckermäuler. Hier wird nicht nur Kaffee selbst geröstet, sondern auch Schokolade handgefertigt. Gut, dass es anschließend mit dem Rad auf und ab geht.

Ein straßenbegleitender Radweg führt auf vier Kilometern von Boitzenburg nach Wichmannsdorf. Das 200-Seelen-Dorf hat nicht nur eine echte Feldsteinkirche aus dem 13. Jahrhundert, sondern auch einen Haussee, der nach der ersten Etappe eine willkommene Erfri-

Ein Baum älter als der andere: Brandenburg, wie man es kennt und liebt.

schung bietet. Der Koffeinstand wird im Café Eigen-Art (www.cafe-eigenart.de) aufgefüllt. Hier hat sich Besitzerin Uta Scherlipp ihren Lebenstraum erfüllt und ein Kleinod an Eigen-artigkeiten geschaffen. Im großen Saal kann man durch antiquarische Deko stöbern oder sich direkt im Garten verköstigen lassen.

Von Wichmannsdorf führen die Landstraße und der direkt angeschlossene Radweg zwei Kilometer entlang endloser Rapsfelder, bis ein Schild mit einem kugelrunden Apfel zu sehen ist. Der nächste Stopp ruft! Und zwar dort, wo Äpfel eine tragende Rolle spielen – auf dem Hof von Apfelgräfin Daisy von Arnim. Die ist tatsächlich eine Enkelin der großen von Arnims und betreibt im Haus Lichtenhain ein kleines Café (www.haus-lichtenhain.de), einen Hofladen und eine Ferienwohnung. Hier schmeckt der Apfelkuchen besonders gut.

Tipp: Vom Haus Lichtenhain gelangt man direkt auf den 5,5 Kilometer langen Suckow-see-Rundweg, der durch die Natur führt.

Von Lichtenhain aus führt ein sandiger Feldweg in Richtung Wichmannsdorfer Haussee. Wer nach etwa zwei Kilometern links abbiegt und dem Wald- und Feldweg in Richtung Boitzenburg folgt, der hat das Ziel fast erreicht. Wenn da nicht die MoccaMilchEisbar wäre, deren Waffeln man schon von Weitem schnuppern kann. Nach einem letzten Schluck Kaffee geht es zurück zum Marstall von Boitzenburg. Spätestens jetzt sollte jeder hellwach sein.

FAZIT: KAFFEEFAHRTEN SIND EINE LANG-WEILIGE ANGELEGENHEIT? NICHT IN DER HÜGELIGEN LANDSCHAFT DES BOITZEN-BURGER LANDES.

Hin & weg: Von den Bahnhöfen Templin oder Prenzlau fahren die Busse 519 und 503 zum Schloss Boitzenburg.

Dauer & Strecke: Ca. 40 Min. reine Fahrzeit. Wer aber die Kaffeestopps richtig einlegt und die Seen in den Dörfern kennenlernen möchte, sollte hier einen Tag einplanen. 11,5 km.

Beste Zeit: Frühling und Sommer. Wenn die Rapsfelder langsam anfangen zu leuchten, verliebt man sich direkt in diese Region.

Ausrüstung: Fahrrad und Badesachen für den spontanen Sprung ins kühle Nass.

AUF HOCH-TOUR

... in Eberswalde und Umgebung

#29

Eine Stadt entdecken? Kann ja jeder.
In Eberswalde aber warten vier Türme
darauf, erklommen zu werden, und
ermöglichen die Erkundung der Kreis-
stadt und ihrer Umgebung aus
einer ungewohnten Perspektive:
von ganz weit oben.

#Höhenflüge #Weitblick #Hochsollstduleben #DasistjadieHöhe

Backstein auf Backstein: In Eberswalde gibt es jede Menge Geschichte zu erkunden.

→ AUSFLÜGE...

Stadt, Land, Fluss. Wer Eberswalde auf besondere Art besichtigen will, muss hoch hinaus: auf die vier Türme der Stadt. Ein guter Start ist der Finower Wasserturm im Eberswalder Ortsteil Finow. Der knapp 49 Meter hohe Turm wurde im Jahr 1918 erbaut, um die anliegende Messingwerksiedlung und die Werksanlagen mit Trink- und Betriebswasser zu versorgen. Zuerst die schlechte Nachricht: Es sind ganze 262 Stufen bis auf die Aussichtsplattform. Jetzt die gute: Wer die Stufen erklimmt, wird mit einem wahrlich atembe-

raubenden 360-Grad-Ausblick belohnt, der es in sich hat. Und wer noch mehr über diesen Ort erfahren will, ist hier oben genau richtig. Denn im Turm befindet sich ein Museum über das Messingwerk.

Etwas weiter östlich ruft schon der nächste Turm: der Eberkran im schön angelegten Familiengarten Eberswalde. Schon von Weitem ist der stählerne Riese, ein Portalwippkran, zu sehen. Er wurde im Jahr 1954 errichtet und ist heute ein Mahnmal der

Zwischen Industriekränen und Kirchtürmen geht es hoch her. Die Perspektive ändert sich mit jedem Aufstieg.

regionalen Industriegeschichte. Die 162 Stufen auf eine Höhe von 28 Metern lohnen sich für Groß und Klein, denn hier bekommt man eine Ahnung davon, wie sich die Arbeit eines Kranführers wohl angefühlt hat.

Ein gänzlich anderer Charme wartet in der Innenstadt von Eberswalde mit der Maria-Magdalenen-Kirche. Von 1285 bis 1333 als gotische Basilika erbaut, kommt sie mit einem weiteren tollen Aussichtspunkt daher, näm-

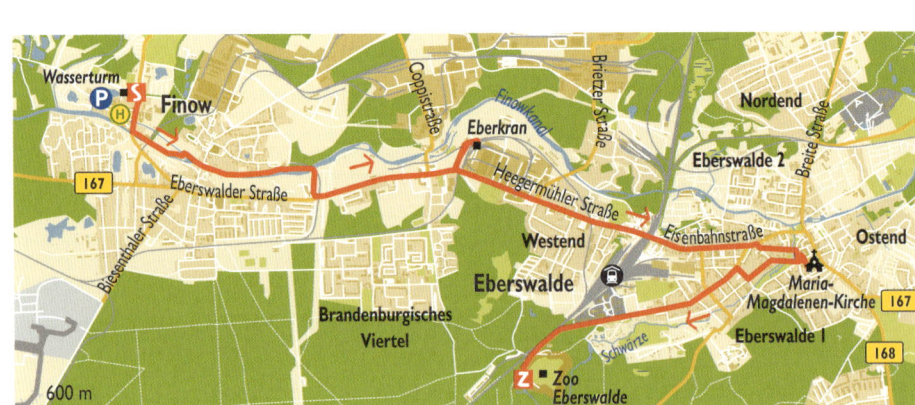

lich einer der höchsten gemauerten Kirchturmspitzen in ganz Deutschland. Das Beste daran: Der Kirchturm hat ganze vier Balkone mit einer unglaublich schönen Aussicht auf das Umland. Wer immer noch nicht genug vom Höhenflug hat, macht sich nun auf in den Eberswalder Zoo zum Tigerturm. Klingt vielleicht exotisch, ist aber in Wirklichkeit ein prächtiger Holzbau mitten in der Zooanlage. Die Aussicht von oben auf Rentiere, Geparden und das Gehege der sibirischen Tiger wird man so schnell nicht vergessen. Der Eberswalder Zoo wurde im Jahr 1928 als Wildpark gegründet. Nach der kompletten Zerstörung im April 1945 wurde er 1958 nach einem Neuaufbau wiedereröffnet.

Noch ein zusätzlicher Anreiz für junge Besucher: Lässt man sich alle vier Aufstiege mit einem Stempel vor Ort bestätigen, erhält man den Eberswalder Höhenpass. Und den hat schließlich nicht jeder.

> **FAZIT: KLETTERN, STAUNEN UND STEMPELN KANN MAN AUF DEN HÖCHSTEN TÜRMEN VON EBERSWALDE.**

Hin & weg: Mit der Regionalbahn bis Eberswalde Hauptbahnhof und von dort mit dem Bus 864 bis nach Finow in die Erich-Steinfurth-Straße.

Dauer & Strecke: 12 km, perfekt für einen Tagesausflug geeignet.

Beste Zeit: Die Höhenpass-Aktion läuft von Ostern bis Oktober, die Türme können aber natürlich immer bestiegen werden.

Ausrüstung: Gutes Schuhwerk und Getränke.

EIN KIRCHLEIN STEHT IM WALDE

 ... Wanderung von Lychen nach Templin

#30

Der Wanderweg von Lychen nach Templin führt mitten durch die Natur zu einer Kirche, die nicht nur auf eine bewegte Geschichte zurückblickt, sondern auch einen ganz besonderen Namen trägt: Kirchlein im Grünen.

Sehr löblich: In Alt Placht hat man seit über 300 Jahren die Kirche im Dorf gelassen.

So schön Lychen auch ist, man sollte ruhig mal hinter die Stadtmauern schauen. Kaum etwas eignet sich da besser als eine Tageswanderung nach Templin. Diese beginnt man mitten im Stadtzentrum und führt am Westufer des Zenssees entlang bis zu seinem Südufer und wechselt dort ans Ostufer des Platkowsees. Kaum hat man Lychen hinter sich, steht man schon mitten im Wald. Jeglicher Motorenlärm weicht dem lieblichen Gezwitscher der Vögel und dem mysteriösen Knacken im Geäst.

Auf herrlich abgeschiedenen Wanderpfaden geht es durch dichten Wald bis nach Alt Placht. Dort wartet eine alte Fahrraddraisinenstrecke, die man noch heute befahren kann. Dabei wird die Draisine mit Pedalen angetrieben und läuft auf vier Rädern auf dem Gleis wie eine Eisenbahn. Ein großer Spaß für alle Altersklassen! Vor allem aber versteckt sich im malerischen Alt Placht das Kirchlein im Grünen, das weit über Stadt und Land hinaus bekannt wurde. Der Grund: Die tatsächlich sehr kleine und umso schnuckeligere Kirche wurde um das Jahr 1700 als Kapelle des Guts Alt Placht in Fachwerkbauweise errichtet. Das über die Jahrhunderte teils völlig in Vergessenheit geratene Gotteshaus verdankt seinen heutigen guten Zustand den

Hin & weg: Bis Bahnhof Lychen und zurück ab Bahnhof Templin.

Dauer & Strecke: Ca. 7 Std. Rund 30 km.

Beste Zeit: Ganzjährig.

Ausrüstung: Leichte Wanderschuhe.

Bemühungen eines Fördervereins. Seit 1994 ist der alte Glanz des Fachwerkkirchleins im Grünen wiederhergestellt. Ein Blick nach oben lohnt sich aber aber ebenso. Denn die darüber thronenden alten Linden können mit ihren über 500 Jahren auch so einige Geschichten erzählen.

Aus Alt Placht kommend, überquert man die Landstraße (L23) und spaziert auf einem Forstweg bis zum Ende des märkischen Kiefernwaldes, wo man einfach der Beschilderung nach Annenwalde folgt. Weiter geht es

nach Süden bis zum Großen Mahlgastsee und an seinem Ufer entlang nach Röddelin, bevor einen die letzte Etappe am Röddelinsee vorbei bis nach Templin führt.

FAZIT: ES WARTEN MEHR ALS SCHÖNE AUSSICHTEN, NÄMLICH 500 JAHRE ALTE BÄUME UND EINE BESONDERE KIRCHE.

IM ANTLITZ VON WANDLITZ

... auf einer Radtour um den Wandlitzer See

#31

Mal wieder ganz allein sein, auf einer einsamen Parkbank sitzen und dem Quaken der Frösche lauschen – wer sich danach sehnt, dem sei eine Radtour rund um den Wandlitzsee und zu seinen versteckten Geschwistern ans Herz gelegt.

Wer genauer hinsieht, kann die knallig blühenden Lotusblumen auf der Wasseroberfläche erspähen.

hinein in den Wald, in dem sich die Drei Heiligen Pfühle befinden. Wer will, kann sein Fahrrad an der Straße für einen Moment abstellen und kurz dem Trampelpfad zum Wasser folgen. Hier steht nämlich die idyllischste Parkbank im Barnimer Land, auf der man sich fühlt wie im Setting eines Liebesfilms. Ein echter Ort der Ruhe ...

Weiter geht die Fahrt mitten durch den Wald. Hier führt eine feste Waldstraße, die zwar nicht asphaltiert, aber trotzdem sehr gut mit dem Rad zu befahren ist, zum Knotenpunkt 58 und damit an die südliche Spitze des Liepnitzsees. Wenn das Wetter mitmacht, sollte man unbedingt mit dem Fahrrad direkt bis an die Badestelle des Sees fahren. Denn kaum ein anderer See in Brandenburg ist so idyllisch wie der Liepnitzsee. Ob direkt am Badestrand oder auf einem der hinter dem Schilf versteckten Stege – hier kann man ganz ungestört baden und dabei sogar die alte Fähre Frieda beobachten, wie sie stündlich ein paar Gäste auf die Insel Großer Werder bringt.

Startpunkt ist der Bahnhof Wandlitzsee am Knotenpunkt-Wegweiser 1. Eine gut asphaltierte Straße führt durch eine Wohnsiedlung

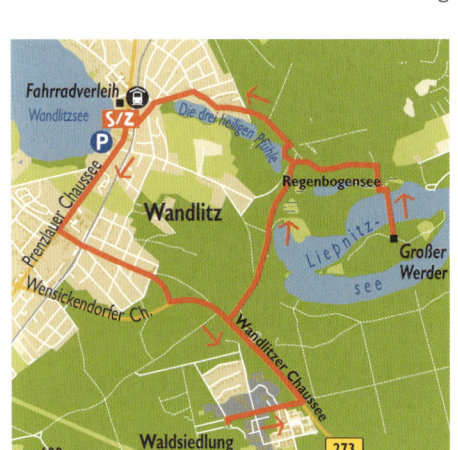

Vom Liepnitzsee aus geht es über den Knotenpunkt 28 für einen Abstecher in die Waldsiedlung Wandlitz, in der früher einige der größten DDR-Funktionäre gelebt haben. Von hier aus ist es nicht mehr weit bis zum Bahnhof Wandlitz. Doch eigentlich wäre es zu schade, die Eskapade hier schon zu beenden, denn nördlich des Wandlitzsees wartet noch eine ganz andere Perle darauf, entdeckt zu werden: der Stolzenhagener See. Der 170 Me-

Lieblingsortgefahr! Eine kleine Bank direkt an den Drei Heiligen Pfühlen steht so perfekt idyllisch, dass man sie eigentlich nie wieder verlassen möchte. Ab und zu kommt sogar ein Frosch vorbei.

ter breite See hat nicht nur eine wunderschöne Badewiese, sondern auch eine Fischräucherei vor Ort, in der man den guten Brandenburger Fisch probieren kann – waschecht natürlich in Form eines Fischbrötchens.

Leider neigt sich auch dieser Ausflug irgendwann dem Ende zu. Dann führt die Strecke, von den Knotenpunkten 15 und 16 ausgehend, über Knotenpunkt 36 zurück zum Bahnhof Wandlitz.

Tipp: Wer die perfekte Übersicht über das Knotenpunktsystem im Barnimer Land haben möchte, der sollte sich unbedingt die Karte »Radeln nach Zahlen« aufs Smartphone herunterladen (beispielsweise über die Seite www.barnimerland.de).

FAZIT: EINE FAHRRADTOUR, AUF DER MAN NICHT NUR ETWAS LERNT, SONDERN AUCH MAL WIEDER GANZ FÜR SICH SEIN KANN.

Hin & weg: Mit dem Zug geht es direkt zum Bahnhof Wandlitz und dann mit dem Rad auf die Radstrecke.

Dauer & Strecke: Ca. 2 Std. Fahrzeit und 21 km reine Fahrstrecke, jedoch ohne Bade- und Fischbrötchenstopp.

Beste Zeit: Frühling und Sommer, wenn die Temperaturen von Luft und Wasser ideale Bedingungen für einen Tag in der Natur liefern.

Ausrüstung: Ein bequemes Fahrrad, Getränke und Mückenschutz für die Strecke im Wald. Für alle Wasserratten natürlich auch Badesachen, um ins kühle Nass des Liepnitzsees zu hüpfen.

AUF ADELS-SPUREN

 ... im Boitzenburger Land

#32

Ein bisschen Adelsblut merkt man ihm schon an, dem Kleinen Boitzenburger, der mit dem Großen Boitzenburger verwandt ist und sich wie eine Acht durch Boitzenburg schlängelt. Doch der Name trügt, denn so klein ist er gar nicht ...

#kleinaberfein #Adelsglück #natürlichschön #Boitzenburgrockt

Ein imposantes Bauwerk, das man auf der Wanderung passiert, ist das Boitzenburger Schloss.

Schon vor etlichen Jahren wurden die beiden Wanderwege Kleiner Boitzenburger und Großer Boitzenburger zusammen zu einem der schönsten Wanderwege Deutschlands gewählt. Beide haben ihren Charme und ihre Highlights, und obwohl sie den gleichen Namen tragen, sind sie doch so verschieden.

Der Kleine Boitzenburger schlängelt sich durch eine interessante Kulturlandschaft, doch dazu gleich mehr. Vom Marstall aus, in dem man sich gut für die Tour stärken kann,

geht es erst einmal ein Stück auf dem Schumellensee-Rundweg in Richtung Dorfmitte.

Kurz hinter der Infotafel über die Region landet man in freier Natur und dort, wo sich die Buchen und Eichen in ihrem Alter übertrumpfen – bis zu 900 Jahre alt sind sie hier nämlich. Schnell erreicht man von hier die Fasanenbrücke, von welcher der Weg bergauf in Richtung der Badestelle am Schumellensee führt. Wie wäre es mit einer kurzen Erfrischung, bevor es zurück in den Wald geht?

Von nun an verläuft der Kleine Boitzenburger hinauf bis zum Krienkowsee, bevor man mitten im dichten Wald und vor allem hoch über dem Schloss Boitzenburg den Apollotempel erreicht. Dieser ist übrigens nicht nur perfekt für Hochzeitszeremonien geeignet, sondern auch für eine kurze Verschnaufpause – besonders für eine letzte Pause, vielleicht auch ein kleines Picknick in herrlicher Natur, bevor der Alltag wieder ruft.

Das Boitzenburger Land ist so vielfältig, dass man es kaum in ein paar Worte fassen kann. Immer wieder variiert es zwischen Natur, Geschichte und verträumten Dörfern.

Doch vor Antreten des Rückwegs führt der Weg noch durch das ehemalige Jagdgebiet der Adelsfamilie von Arnim in den Tiergarten hinein. Von hier aus am besten geradeaus bis zur Hirschbrücke spazieren. Und nicht vergessen, bei der Wanderung die Augen offen zu halten, denn hier verstecken sich noch einige Sehenswürdigkeiten, wie der Löwentempel (das Erbbegräbnis der Familie von Arnim) und der Verlobungsstein.

Zum Schluss führt die Wanderung vorbei am Jägerplatz, der Hexenkiefer und dem Weinberg zum Parkplatz an der Klosterruine auf der rechten Seite. Wer seinen Fotostopp hier beendet hat, der folgt dem Wanderweg. Es geht an der Klostermühle und dem Gasthof Zur Klostermühle vorbei, bevor der Marstall ungefähr 250 Meter hinter einer kleinen Wohnsiedlung erscheint. Na, wie sieht es zum Abschluss mit einem Bier aus der hauseigenen Brauerei aus?

FAZIT: DER KLEINE BOITZENBURGER IST PERFEKT GEEIGNET, UM IN DIE ADELSGESCHICHTE DER UCKERMARK HINEINZUSCHNUPPERN.

Hin & weg: Mit dem Zug nach Templin. Von hier aus fährt der Bus 519 direkt bis nach Boitzenburg, von wo aus es nur ein paar Meter bis zum Marstall sind.

Dauer & Strecke: Ca. 5 Std. mit Rast und Fotostopps. 11 km.

Beste Zeit: Frühling und Sommer.

Ausrüstung: Gute Wanderschuhe und eventuell Mückenschutz, je nach Jahreszeit.

→ AUSFLÜGE...

PACK DIE BADEHOSE EIN

 ... mit dem Rad von Berlin zum Gorinsee

Manchmal ist es so einfach, dem Groß-stadtstress zu entfliehen und einfach nur in der Natur zu sein. Hier zum Beispiel sind es gerade einmal 20 Kilometer, bis man die Zehen tief in den Sand stecken und unbeschwert frische Luft schnuppern kann. Doch erst einmal auf Anfang.

#rausausderStadt #vordenTorenBerlins #StrandamSee   141

Der Gorinsee ist ein See für alle. Für Großstädter, die entspannen wollen, für Familien, die gemeinsam Spaß haben möchten, und für Paare, die den Feierabend gern in der Natur verbringen.

Wenn die Hochhäuser am Horizont immer kleiner werden, die Luft immer klarer und das Grün der Wiesen immer saftiger, dann ist das Ziel, der Gorinsee, nicht mehr weit.

Los geht's am S-Bahnhof Buch, der zu Berlin gehört, sich aber dank der Kleinstadtidylle gar nicht so anfühlt. Mit dem Rad geht es zuerst am Klinikum in Buch vorbei durch die Wiltbergstraße, bis man rechts in die Hobrechtfelder Chaussee abbiegt. Von nun an wimmelt es am Wegesrand nur so von dichten Baumkronen und schattigen Plätzchen, denn jetzt ist man schon mitten im Bucher Forst.

Gemütlich radelt es sich durch den Waldabschnitt, bis an der Hobrechtsfelder Dorfstraße das erste Mal die Wegmarkierung mit dem grünen Balken auftaucht. Hier geht es jetzt links weiter – so lange, bis der wun-

derschön glitzernde Gorinsee immer näher kommt. Der Gorinsee selbst fühlt sich an wie die Ostsee im richtig kleinen Miniformat. Es gibt einen breiten Sandstrand, und sogar typischer Seegeruch liegt in der Luft. Mit einer Fläche von 24 Hektar kann man hier ganz locker schwimmen oder einfach nur im Sand die Seele baumeln lassen, bevor der Radweg wieder ruft. Übrigens: Direkt an der Badewiese liegt nicht nur der Campingplatz, sondern auch das Gasthaus am Gorinsee (www.gasthaus-gorinsee.de), in dem regionale Wildspezialitäten frisch zubereitet werden.

Wer von hier aus noch ein wenig wandern möchte, kann der gelben Markierung folgen und sich auf den 2,5 Kilometer langen Wanderweg begeben. Denselben Weg nehmen die Radfahrer auch – und zwar so lange, bis sich der Weg mit dem gelben Punkt und jener mit

So schnell kann es gehen: Plötzlich ist man nicht mehr im dicken Großstadtverkehr, sondern am Strand eines der schönsten Seen des Berliner Umlands.

dem grünen Balken trennen. Dann folgt man auch als Radfahrer dem gelben Punkt.

Dieser führt durch die Bernauer Heide bis zu einem Wanderweg, der mit einem roten Punkt markiert ist. Folgt man diesem, gelangt man nach nur wenigen Metern nach Bernau, von wo aus die S-Bahn nach Hause fährt.

Hin & weg: Mit der S-Bahn bis Buch, von hier aus mit dem Fahrrad bis zum S-Bahnhof Bernau und von dort wieder nach Hause.

Dauer & Strecke: Mit Badestopp und kleiner Wanderung sollte man sich einen Tag für diesen Ausflug in die Natur nehmen. Die reine Fahrradstrecke beträgt 18 km.

Beste Zeit: Frühling bis Sommer.

Ausrüstung: Ein fahrtüchtiges Fahrrad, Proviant und Badesachen für den erfrischenden Sprung in den See.

FAZIT: MANCHMAL LIEGT DAS GUTE SO NAH. IN DIESEM FALL IST ES DER IDYLLISCH GELEGENE GORINSEE.

KUR PUR

≥ ... eine Auszeit in Templin ≤

#34

Spazieren, Wandern, Inlineskaten? All das kann man auf der Kurmeile in Templin. Denn außerhalb des sehenswerten historischen Stadtkerns wartet eine Kulturlandschaft, die ihresgleichen sucht und wie geschaffen ist für einen Tagesausflug in die Natur – für Groß und Klein.

Sich mit einem Spaziergang etwas Gutes tun? Klar. Die Kurmeile ist genau so konzipiert, dass sie den gesamten Körper richtig umsorgt. Einmal tief einatmen, und schon ist man mittendrin in der Entspannung.

Einzigartige Natur vor den Toren Templins: Die Kurmeile lockt mit schier endlos weiten Landschaften, langen Spazierwegen und dem romantischen Lübbesee.

Wer mit der Bahn anreist, startet direkt am Templiner Stadtbahnhof. Für die erste Erkundung folgt man am besten der Dargersdorfer Straße in die Rosa-Luxemburg-Straße und spaziert weiter zum dörflichen Anger am Egelpfuhl, einem kleinen Teich, den ein paar Entenfamilien ihr Zuhause nennen. Jetzt einfach dem Schreberweg folgen, den Blick auf die urigen Kleingärten genießen, und schon steht man vor einer Lichtung. Hier beginnt der weitläufige Landschaftspark – mit einem echten Highlight für Skater und Co. Denn Templin wartet hier mit einem vielfältigen Skatepark und einer BMX-Strecke auf.

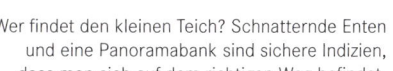

Wer findet den kleinen Teich? Schnatternde Enten und eine Panoramabank sind sichere Indizien, dass man sich auf dem richtigen Weg befindet.

Schon ein paar Meter weiter öffnet sich die Kulturlandschaft der Kurmeile wie eine Postkarte. Feld- und Parklandschaft gehen harmonisch ineinander über. Bald ist der Weg gesäumt von Holunder, Weißdorn und Maiglöckchen. Ein paar Vögel zwitschern über den Köpfen der Spaziergänger. Hier ist die Natur noch mit sich im Reinen. Wie es sich für einen echten Kurweg gehört.

Trotz zahlreicher Schautafeln im weitläufigen Terrainkurwegesystem der Buchheide ist es am schönsten, sich einfach durch die nördliche Buchheide treiben und verzaubern zu lassen von verwunschenen Lichtungen und dichtem Buchenwald. Mit Glück kann man sogar Rot- und Rehwild auf den Wiesen sehen (vor allem in der Dämmerung) oder Biber beim Bauen eines Staudamms beobachten.

Wo ein Kurweg ist, darf ein Kurwald nicht fehlen. Doch auf erhöhter Hanglage wartet nicht nur ein sehr fotogener Wald, sondern dahinter auch der beschauliche Lübbesee. Der Aufstieg lohnt sich. Denn der 300 Hektar große See erstreckt sich über eine Länge von etwa 12 Kilometern entlang der Orte Templin, Ahrensdorf und Petersdorf bis nach Ahlimbsmühle und ist nicht nur bei den Kleinen wegen seiner flachen Ufer beliebt. Auch Ruder-, Tret-, Segelboote und SUPs können hier ausgeliehen werden und verwandeln den Lübbesee in einen Publikumsmagneten. Doch auch

in den kälteren Monaten begrüßt das ruhige Gewässer seine Besucher mit einer ganz besonderen Aura. Einfach zum Abschalten!

FAZIT: VON INLINESKATEN BIS SEEABENTEUER BIETET DIE KURMEILE ALLES FÜR EINEN HERRLICHEN TAG IM FREIEN.

Hin & weg: Parken am Stadtbahnhof Templin. Von dort führt die Dargersdorfer Straße in die Rosa-Luxemburg-Straße. Spätestens dort sollte man zu Fuß weitergehen.

Dauer & Strecke: Ca. 6–8 Std. 16,2 km.

Beste Zeit: Frühling und Frühsommer, wenn die Kurmeile erwacht.

Ausrüstung: Bequemes Schuhwerk und Badesachen.

INDUSTRIE-HISTORIE

... übers Wasser zum Ziegeleipark Mildenberg

#35

Tausend rostrote Steine liegen aufgetürmt im Innenhof. Draußen ankern Segelboote, Jollen und kleine Jachten. Das ist Brandenburg auf seinem idyllischen Höhepunkt, an der Grenze des Barnimer Landes zur Oberhavel.

#Backsteinfabrik #Ziegeleipark #Mildenberger #Bootstour

Mit diesen Schiffen könnte es von der Uckermark in den benachbarten Landkreis Oberhavel gehen. Ahoi!

Brandenburg besteht aus 14 Landkreisen, und jeder einzelne von ihnen hat einen ganz eigenen Charme. Umso mehr lohnt es sich, für einen Ausflug ins Barnimer Land auch mal grenzüberschreitend zu schauen, was sich hinter dem Tellerrand befindet. So kann man zum Beispiel eine Menge Backsteine und ein Stückchen des Landkreises Oberhavel im Norden Brandenburgs entdecken.

Am besten lassen sich die Landkreise vom Boot aus erkunden. Denn durch die zahlrei-chen Kanäle und vor allem durch den Oder-Havel-Kanal kann man ganz einfach von Ört-chen zu Örtchen schippern. Los geht die Tour in Zehdenick in Oberhavel. Direkt in der Marina Alter Hafen gibt es Boote zum Verleih.

Die Tour führt über den Oder-Havel-Kanal direkt in die Kanallandschaft rund um Nieder-finow. Hier geht es von Schleuse zu Schleuse und damit auch ein Stückchen durch die Geschichte des Barnimer Landes. Denn zum Teil sind die Schleusen schon so alt, dass sie

Der hohe Schornstein verrät die ehemalige Backsteinfabrik schon von Weitem. Wer das heutige Museum besucht, kann tief in die Geschichte der für die Region wichtigen Industrie eintauchen.

ab und an noch von Hand gekurbelt werden müssen. Nostalgie pur!

Bei einer Bootsfahrt durch die Oberhavel und das Barnimer Land zeigt sich die Region von ihrer idyllischen Seite. Gerade im Sommer und Frühling ist es hier grün und dicht bewachsen. So sehr, dass man nur mit Mühe die vielen Vögel erspähen kann, die sich in den Baumkronen verstecken. So gleitet man mit

Mit all den Überbleibseln der einst so geschäftigen Ziegeleifabrik kann man heute nur erahnen, wie es hier früher einmal gewesen sein mag.

dem Boot gemächlich durch die Gewässer, bevor nach einem gekonnten U-Turn am Ende des Kanals noch ein echtes Highlight auf große und kleine Besucher wartet: der Ziegeleipark Mildenberg.

An diesem Industriedenkmal wird anschaulich erklärt, wie früher über Jahrzehnte hinweg und in mühsamer Arbeit Ziegel hergestellt wurden. Das gesamte Areal ist aufgebaut wie ein Open-Air-Museum, in dem jedes Detail der Produktion gezeigt wird, deren Ziegel damals sogar bis nach Berlin transportiert wurden. Obendrein gibt es eine kleine Bimmelbahn, die in den Sommermonaten tagein, tagaus durch den Park tingelt und etliche Attraktionen für Kinder miteinander verbindet. Klingt doch nach einem gelungenen Abschluss für die gesamte Familie, oder?

FAZIT: GELUNGENE KOMBI — EIN TAG AUF DEM WASSER UND EIN STÜCK INDUSTRIEGESCHICHTE IN EINEM.

Hin & weg: Ab dem Bahnhof Zehdenick fährt der Bus 838 in Richtung Fürstenberg (Havel) direkt bis vor die Tür des Ziegeleiparks (www.ziegeleipark.de).

Dauer & Strecke: Je nach Lust und Laune einen Tag lang – und dabei nicht den Rundgang im Ziegeleipark am Ende vergessen.

Beste Zeit: Frühling und Sommer.

Ausrüstung: Sonnencreme für die Zeit auf dem Boot, Kopfbedeckung und Badesachen.

Schönower Heide

Naturpark Barnim

EIN TRAUM IN LILA

⋛ … beim Heideblühen in der Schönower Heide ⋚

#36

Dieser Traum wird jeden Herbst mitten in der Schönower Heide wahr, wenn die Heide in ihren schönsten Farben erblüht. Am besten erleben kann man das Naturschauspiel auf einer Wanderung, die vorbei am Meer aus Blüten und an grasendem Wild führt.

Was sich wie der Auftakt zu einer Naturdoku-mentation anhört, ist mitten im Barnimer Land jeden Herbst aufs Neue hautnah zu be-wundern: das berühmte lilafarbene Heideblü-hen. Während das Wild auf der einen Seite grast und das Heidekraut der Schönower Heide in seinen allerschönsten Bilderbuch-farben vor sich hin blüht, schlängelt sich ein rauer Sandweg durch die strahlende Natur, der auf seine Besucher wartet.

Die schönste Zeit für eine Tour durch die Schönower Heide ist der Spätsommer. Denn dann lockt ein ganz besonderes Naturschauspiel: die Heideblüte.

Um die Heide in ihrer vollen Pracht zu erleben, plant man am besten einen kleinen Tagesausflug. Startpunkt der Wanderung ist der Parkplatz, an dem ein hölzernes Eingangstor den Weg in die Heide weist. Hier hat man nun die Wahl zwischen nzwei verschiedene Rundwegen, einem 1,6 Kilometer langen Weg, der nur entlang der Heide führt, und einem fünf Kilometer langen Weg, auf dem man auch dem hier grasenden Wild so richtig nahe kommen kann.

Vom Parkplatz aus geht es zunächst über einen kleinen Waldweg in die flache Schönower Heide hinein. Diese ist übrigens ein Naturschutzgebiet mit einer Größe von 534 Hektar. Früher wurde das Gebiet vom Militär genutzt, weshalb noch heute einige Bereiche nicht betreten werden dürfen. An einigen Warnschildern vorbei geht es dann jedoch direkt am Zaun des 140 Hektar großen Wildgatters entlang in die Heide. Wer Glück hat, kann sogar das Rot-, Dam- und Muffelwild von Weitem beobachten.

Die Schönower Heide besitzt eine ganz besondere Landschaftsart und zeigt sich wegen ihres unfruchtbaren Bodens meist auch ziemlich karg. Auf der Wanderung kann man jedoch deutlich den Wechsel zwischen den vegetationsarmen Sandflächen, der Besenheide und den Silbergrasfluren erkennen. Ab und an wachsen auch ein paar Birken oder Kiefern am Wegesrand, die in der Herbstzeit ein ganz besonderes Farbspiel zur Schau stellen. Den krönenden Abschluss und den mit Abstand besten Ausblick auf die Heide bietet der Aussichtsturm.

Wer seinen Tagesausflug noch ein wenig verlängern möchte, kann von der Schönower Heide aus weiter zum Gorinsee wandern, denn der ist von hier aus gerade einmal drei Kilometer entfernt.

Kleiner Tipp: Im Gasthaus am Gorinsee (www.gasthaus-gorinsee.de) gibt es hausgemachte und vor allem regionale Spezialitäten mit prima Ausblick auf die schillernde Wasseroberfläche des Sees.

FAZIT: RICHTIG SCHÖN LILA BLÜHT DIE HEIDE HIER IN SCHÖNOW. PERFEKT ABGERUNDET VOM GLITZERNDEN GORINSEE.

Hin & weg: Am einfachsten ist die Anreise ab Bernau. Denn von hier fährt der Bus 869 direkt bis nach Schönow. Von der Haltestelle Schönow/Kirche sind es 15 Min. zu Fuß bis zum Parkplatz.

Beste Zeit: Ab dem Spätsommer bis etwa Mitte September, wenn die Heide noch purpur blüht.

Dauer & Strecke: Der Heidepfad ist 1,6 km lang, der Wildwanderweg 5 km. In Kombination mit dem Gorinsee beträgt die Gesamtstrecke ca. 10 km und damit inklusive Fotostopp und Einkehr etwa 4 Std.

Ausrüstung: Bequeme Kleidung und eine Kamera, um die Heide festzuhalten. Wer will, kann auch ein Fernglas mitnehmen, um das Wild vom Aussichtsturm aus zu beobachten.

UNTER DEN KIEFERN

≥ ... auf dem Rundweg um den Stübnitzsee ≤

Herrlich idyllisch und fast schon unwirk-lich glitzert der Stübnitzsee mitten im dichten Kiefernwald von Lychen vor sich hin. Einen tollen Eindruck von diesem Stückchen Natur erhält man auf einer Rundwanderung, die in Lychen startet.

Am südlichen Ufer des Stadtsees geht es in Richtung Großer Lychensee und dann über die Trasse der Draisinenstrecke. Weiter führt der Weg zum Ostufer des Großen Lychensees bis zum Strandbad. Wer genau hinsieht, kann hier schon die beiden Inseln Langes und Hohes Werder erkennen. Es geht jedoch noch ein Stückchen weiter bis zur Halbinsel Kuckuckswerder und dann mitten hinein in den dichten Kiefernwald – und plötzlich ist man ganz allein mit all den Gerüchen und Klängen, die ein Wald in sich birgt. Vielleicht zwitschern noch ein paar Vögel, vielleicht sind aber auch schon alle ausgeflogen. Vielleicht stehen am Wegesrand noch ein paar Pilze, vielleicht sind sie aber auch zu sehr bedeckt von den farbigen Nadeln, die die Kiefern schon abgeworfen haben. Was die Natur in dieser Jahreszeit anstellt, das muss man mit eigenen Augen sehen.

Durch den herrlich duftenden Kiefernwald hindurch folgt man dem grünen Kreuz auf weißem Grund und kann ihn dann auch schon bald erkennen, den Stübnitzsee. Dieser liegt nämlich so herrlich idyllisch mitten im Wald, dass man am liebsten direkt die Picknicksachen auspacken möchte.

Die Wanderung führt einmal um den See herum. Am Ostufer des Sees geht es in nördlicher Richtung weiter zurück nach Lychen, vorbei an der Helenenkapelle und den ehemaligen Heilstätten bis zum Start der Wanderung. Schön war's!

Was macht einen Waldsee im Herbst zu einem ganz besonderen Erlebnis? Richtig: die bunt gefärbten Nadeln der Kiefern, die ihn umgeben, und der Geruch, der gerade jetzt noch einmal viel intensiver wird. Es riecht nach Wald, nach Erde, nach Kiefern. Und mittendrin glitzert ein Idyll vor sich hin, das man erst einmal finden muss: der Stübnitzsee.

Los geht die Wanderung rund um den See an der Bushaltestelle Lychen Schule. Von hier aus geht es erst einmal in Richtung Norden zum Wanderparkplatz, an dem sich der Stadtsee, der Oberpfuhlsee und der Zenssee treffen. Die Flößerstadt Lychen wird ja nicht umsonst auch »Stadt der sieben Seen« genannt. Wie man darüber mehr erfahren kann? Auf einer kleinen Pinnenwanderung durch Lychen (Eskapade #10).

Na, gefunden? So gut versteckt wie der Stübnitzsee ist kaum ein anderer See. Wer ihn aber einmal gesehen hat, der wird ihn so schnell nicht vergessen. Eine spiegelglatte Schönheit wie aus dem Bilderbuch.

Hin & weg: Mit dem Bus 517 geht es von Templin oder Fürstenberg/Havel direkt zur Haltestelle Lychen Schule.

Beste Zeit: Im Herbst, wenn der Wald besonders gut duftet.

Dauer & Strecke: Inklusive Fotostopps und Rast ca. 4 Std. für 11 km reine Wanderstrecke.

Ausrüstung: Wasserfeste Wanderschuhe, damit die Rundwanderung nicht zur Rutschpartie wird, und Proviant für ein kleines Picknick.

ENDLICH HERBST!

>– ... beim Indian Summer am Gamensee –<

#38

Für den Indian Summer muss man nach Nordamerika? Von wegen. Nirgendwo spielen die Farben der Natur so märchenhaft verrückt wie im Speckgürtel Berlins. Genau genommen am abgelegenen Gamensee. Perfekt für eine kunterbunte Wanderung zum Staunen.

Natur, so weit das Augen reicht. Bei einem Spaziergang im dichten Wald rund um den Gamensee kann man prima die Seele baumeln lassen und mal wieder so richtig abschalten..

Entstanden während der letzten Eiszeit, lädt der 17 Hektar große Gamensee zu einem rund zweistündigen Spaziergang ein. Auch wenn dieser Rundweg zu jeder Jahreszeit zu empfehlen ist, sticht eine jedoch heraus: der Herbst. Denn von Mitte September bis November zeigt sich der Gamensee in einem ganz besonderen Gewand.

Am besten beginnt man einen gemütlichen Spaziergang in Tiefensee. Gegenüber dem Hofladen von Bauer Nietsch führt ein schmaler Weg zunächst zu einem ausgeschilderten Parkplatz. Hier geht es weiter, am Campingplatz Country Camping vorbei, bis man nach wenigen Metern das Ufer des Gamensees erblickt und davor die weitläufige Badewiese des Zeltplatzes. Von hier aus folgt man einfach dem Waldweg nach rechts. Er führt vorbei an einem (im Herbst nackedeifreien) FKK-Strand und direkt ins dichte Geäst. Herbstlaub taucht die Landschaft in warme Töne, und das Wasser spiegelt die romantische Farbenpracht. Tag für Tag lässt sich hier beobachten, wie sich die Blätter zunächst gelb färben, dann immer kräftiger orange werden, bis viele in einem tiefen Rot erstrahlen. Genau diese spektakuläre Farbkombination ist es, die einen Ausflug zum Gamensee während der Brandenburger Version des Indian Summer so besonders macht.

Die gute Nachricht: Die rund sechs Kilometer lange Rundwegwanderung bedarf keiner großen Kondition. Im Gegenteil, einfach treiben lassen und staunen. Spannend wird es an der östlichen Seeseite, wo man eine kleine Senke durchquert. Vorsichtig sein sollte man aller-

Vom Steg an der Badestelle des Country Clubs aus hat man den perfekten Blick auf die umliegende Natur, nämlich auf die dichten Baumkronen und ihre knalligen Blätter, die langsam zu Boden fallen.

dings bei dem meist unebenen Waldboden mit seinen dicken Baumwurzeln. Denn so mancher Besucher ist geneigt, die Augen nicht mehr vom farbenfrohen Blätterwald abzuwenden. Wer könnte es ihm verdenken?

FAZIT: SO GENIESST MAN DEN HERBST IN BESTFORM!

Hin & weg: Mit der Regionalbahn nach Werneuchen, weiter mit dem Bus 887 nach Tiefensee Dorf, dann zu Fuß 1 km bis zum Gamensee.

Beste Zeit: Der Indian Summer ist im Oktober in vollem Gange.

Dauer & Strecke: Ca. 1,5 Std. für rund 6 km.

Ausrüstung: Festes Schuhwerk und eine Kamera zum Festhalten der Farbenpracht.

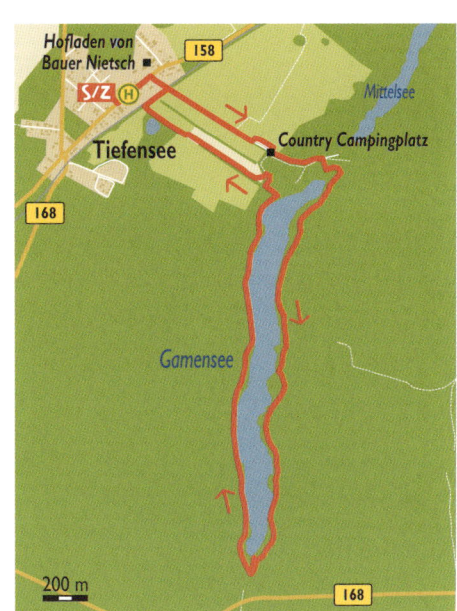

VON DER HAND IN DIE PFANNE

... Pilzesammeln am Grimnitzsee

#39

Herbstzeit ist Pilzzeit. Und Pilze schmecken bekanntlich besonders gut, wenn man sie selbst gefunden hat. Eine gute Möglichkeit dazu bietet sich auf einer schönen Rundwanderung entlang des Grimnitzsees bei Joachimsthal.

Was man alles zum Pilzesammeln braucht: einen Korb, ein kleines Messer, ein Expertenbüchlein und einen Hut, der zum Herbstlaub drum herum passt. Zugegeben, Letzteres ist nicht zwingend nötig.

Wärme und Regen lassen die Waldpilze rund um den Grimnitzsee im nördlichen Landkreis Barnim bei Joachimsthal nur so sprießen, denn der Boden entlang des flachen Grundmoränensees bietet gute Voraussetzungen. Der Plan: den urigen Flechtkorb von Mama einpacken und nix wie los zum Pilzesammeln.

Den Rundweg beginnt man am besten am Bahnhof in Joachimsthal, wo man einen kleinen Schlenker zur Stadtkirche und zum Skulpturengarten am Rathaus machen kann. Weiter geht es in südöstliche Richtung, wo ein kurzer Stopp beim BIORAMA-Projekt empfohlen werden kann. Hier wartet mit der Aussichtsplattform auf dem Dach des Wasserturms ein toller Ort, um einen Blick auf die umliegende Landschaft zu werfen. Jetzt ist auch das Ufer des Grimnitzsees nicht mehr

weit – und mit ihm nicht nur die meist gut mit Asphaltbelag ausgebauten Wege, sondern vor allem auch das Territorium des potenziellen Abendessens.

Das schlummert oft in ungeahnten Ecken des dichten Grüns am Seeufer. Nur wer genau hinsieht, kann hier und da frische Pilze am Boden entdecken – nicht selten eine echte Delikatesse. Kleiner Tipp: Meist tummeln sie sich zu Füßen großer Bäume und genau dort, wo der Boden richtig schön feucht ist. Denn das haben sie am allerliebsten.

Aber Vorsicht: Pilzesammeln muss gelernt sein. Nicht jeden Pilz kann man ohne Gefahr essen! Besser man hat ein kleines Pilzbuch dabei und kann sich direkt vor Ort über die Pilzart erkundigen, um auszuschließen, eine

giftige Sorte erwischt zu haben. Wer dieser wunderbaren Herbstbeschäftigung erst einmal verfallen ist, der wird gar nicht merken, wie die Zeit vergeht. Hoffentlich füllt sich mit der fortschreitenden Stunde auch der Pilzkorb. Denn dann steht dem leckeren Abendmahl nichts mehr im Weg: Pilzdinner auf gut Brandenburgisch.

Hin & weg: Vom Bahnhof Bernau mit dem RE3 zum Bahnhof Britz und mit dem RB63 zum Bahnhof Joachimsthal.

Beste Zeit: Ab September ist die Pilzsaison eröffnet.

Dauer & Strecke: Je nach Laune etwa 4 Std. für rund 15 km.

Ausrüstung: Festes Schuhwerk, ein Korb, ein Pilzbuch und -messer.

DORF-
ROMANTIK

≥ … ein Herbsttag in Ringenwalde ≤

#40

Kopfsteinpflaster, älter als jeder Dorf-
bewohner. Kneipen, so urig wie anno
dazumal. Und Bäume, die von Weltkriegen
erzählen könnten. Das kleine Ringenwalde
ist ein brandenburgisches Dorf wie aus
dem Bilderbuch.

Die Pflanze rankt und erstrahlt in so schönen Farben, dass sie perfekt zum Backstein der Häuser im Dorf passt. Unbedingt beim Spaziergang auf die vielen tollen Häuserfassaden achten!

In Ringenwalde ist die Zeit stehen geblieben – und das ist, frei nach Wowereit, auch gut so. Dieser Einschätzung dürfte wohl jeder

folgen, der den Großstadttrubel wenigstens mal für einen Tag hinter sich lässt und hier tief eintaucht in das typische Brandenburg von gestern, von heute und wohl auch noch von übermorgen.

Dass sich in der Gemeinde Temmen-Ringenwalde nicht viel geändert hat, verrät schon der erste Eindruck. Kaum hat man das gelbe Eingangsschild hinter sich gelassen, geht die Straße in Kopfsteinpflaster über. Solches, für das man besser festes Schuhwerk trägt und bei dem jedes Mal ein ohrenbetäubender Lärm durch die Gassen tobt, wenn eine ostalgische Simson-Schwalbe darüber hinwegfegt.

Besonders an den letzten warmen Sonnentagen des Herbstes entfaltet das kleine Dorf

Internet gibt's in Ringenwalde kaum, dafür aber die allerschönsten Fensterläden und Alleen.

einen ganz eigenen Charme. Einen, den so mancher wohl nur noch aus aufwendigen Filmproduktionen kennt. Dann schreien die Farben geradezu nach Herbst, die Kamine hauchen dichte Wolken in die klare Herbstluft, und Ringenwalde wirkt irgendwie noch verschlafener als sonst.

Seinen Tag beginnt man hier am besten mit einem Erkundungsspaziergang durch die Dorfmitte. Dabei darf ein Besuch der alten Kirche nicht fehlen, die schon von außen besonders malerisch anzusehen ist – dem dichtem Efeu sei Dank. Auch der alte Bahnhof zeugt von einer jahrzehntealten Geschichte, auch wenn er bereits seit über zehn Jahren keinen regulären Zug mehr sah.

Man sagt, ein Dorf sei nur so schön wie sein Umland. Unbedingt sollte man daher auch einmal über die Grenze hinausspazieren und dabei mitten hinein in die sanften Täler, die gerade am späten Nachmittag im warmen Herbstlicht so schön erleuchten, dass man den Abend überhaupt nicht herbeisehnt. Und so pittoresk, dass selbst Monet wohl schnell den Pinsel gezückt hätte.

Wieder zurück im Dorf? Dann lädt der gemütliche Landgasthof Zum grünen Baum in der Dorfmitte zum perfekten und regionalen Abendausklang. Es warten regionales Bier und meist deftige Brandenburger Speisen, während die Natur vor dem massiven Fachwerkfenster im rotesten Rot am abendlichen Himmel allmählich die Nacht einläutet.

FAZIT: RINGENWALDE IST EIN UCKERMÄRKISCHES DORF, WIE ES AUTHENTISCHER NICHT SEIN KÖNNTE.

Hin & weg: Mit dem RE3 zum Bahnhof Britz und weiter mit dem RB63 zum Bahnhof Ringenwalde.

Beste Zeit: Im Herbst blüht in Ringenwalde die Romantik.

Dauer: Hier lassen sich gut und gerne 4–6 Std. verbringen.

Ausrüstung: Ein Fotoapparat für die schönsten Herbstfotos.

3. KAPITEL
MINIURLAUB

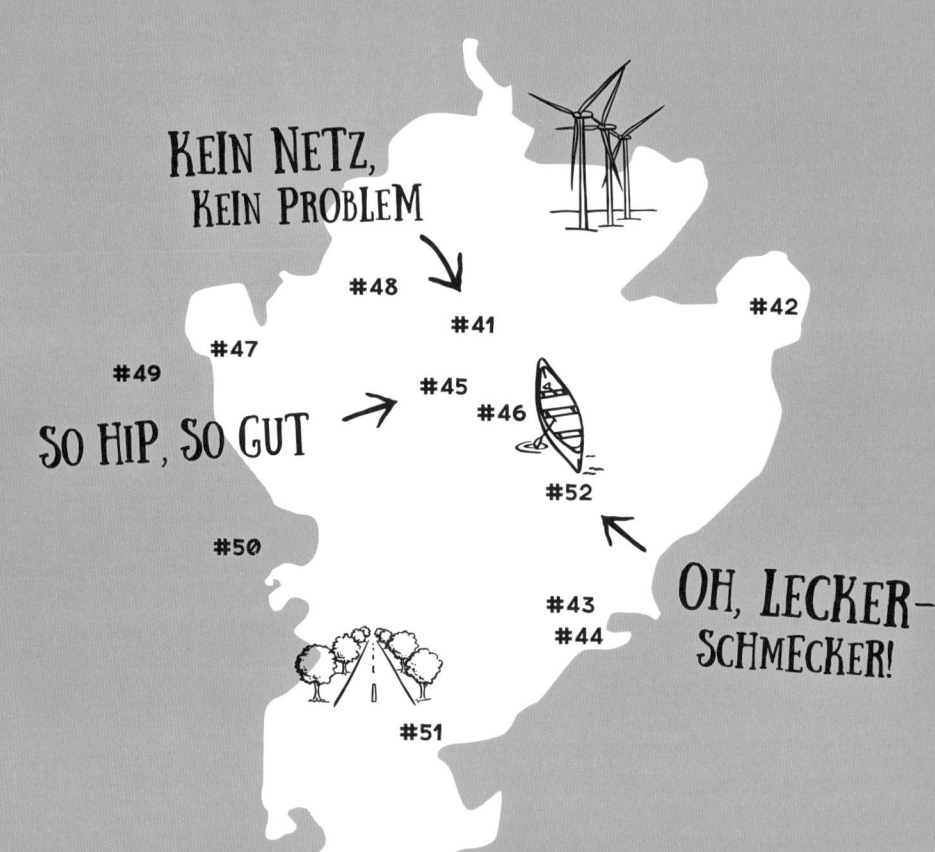

KEIN NETZ,
KEIN PROBLEM

#48

#41

#42

#47

#49

#45

#46

SO HIP, SO GUT

#52

#50

#43

#44

OH, LECKER-
SCHMECKER!

#51

Ferien für ein Wochenende

Die Wanderfüße bei heißer Schoki aufwärmen, im Sonnenuntergang Käse schmelzen und zwischendrin abschalten – wer mal ein Wochenende Ruhe braucht, findet sie hier.

36 H

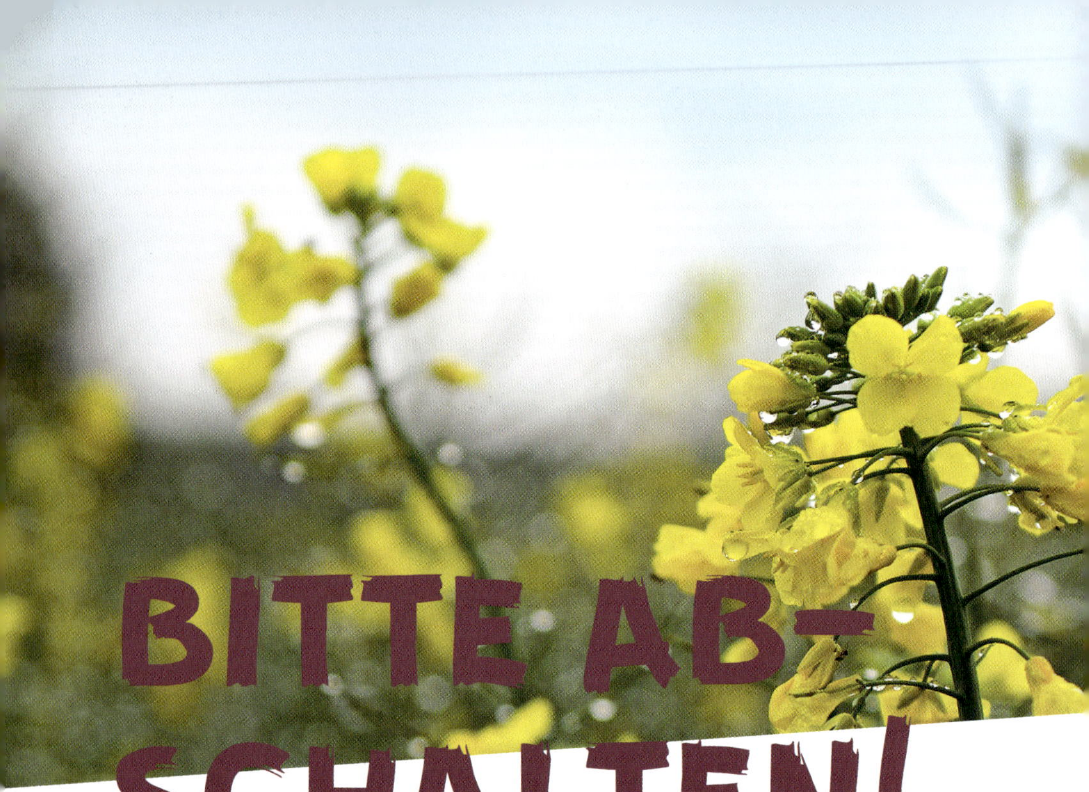

BITTE AB-SCHALTEN!

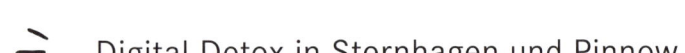

… Digital Detox in Sternhagen und Pinnow

#41

Wie Peter Lustig schon wusste: Richtig abschalten und einfach mal der Nase nach laufen, das tut jedem Großstädter gut. Den Uckermärkern braucht er das nicht zu erklären. Perfekt für eine ordentliche Digital-Detox-Auszeit mit No-Smartphone-Zone: Sternhagen und Pinnow in der Nordwestuckermark.

#digitaleEntgiftung #sehenhörenriechen #offline

Brandenburgische Postkartenidylle par excellence: Das bieten Sternhagen und Pinnow.

→ MINIURLAUB …

Handy, Computer und Co. einfach mal beiseitelegen – das klingt einfacher gesagt als getan. In einer Zeit, in der nahezu jeder alleine durch seinen Smartphone-Konsum ununterbrochen online ist, fällt es umso schwerer, mal wieder so richtig abzuschalten. Doch um den Gebrauch elektronischer Geräte einzuschränken, reicht es nicht, sie beiseitezulegen. Weit besser hilft da eine Luftveränderung. Raus aus der Stadt und rein ins Dörfliche – dorthin, wo der Internetempfang ohnehin nur selten gut ist.

Weite Teile der Uckermark sind wie geschaffen für eine selbst auferlegte Offlinezeit, und zwar im positiven Sinne. Zwei passende Orte sind Sternhagen und Pinnow, Gemeindeteile der Region Nordwestuckermark südwestlich von Prenzlau. Man stelle sich verschlafene Dörfer vor, wo die Dinge noch so laufen, wie sie es schon vor Jahrzehnten getan haben: ruhig und gemächlich.

Für die perfekte Auszeit bucht man sich am besten in eine der Pensionen vor Ort ein.

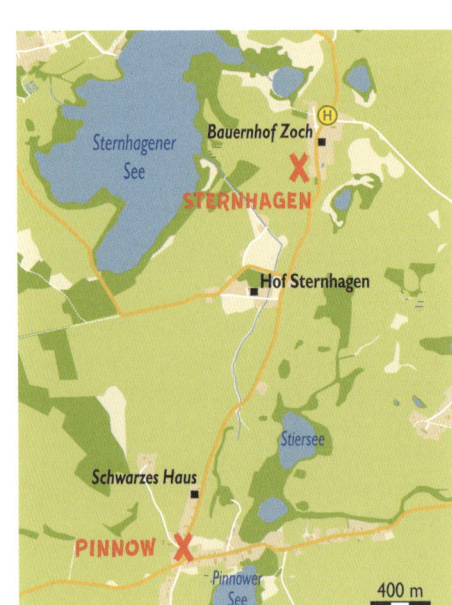

Designaffinen Besuchern wird mit Sicherheit das Architektenhaus am Stadtrand gefallen, das auch Schwarzes Haus genannt wird. Der Bauernhof Zoch wird Groß und ganz besonders Klein anziehen. Dieser ist zugleich eine Pension und bietet außerdem einen wunderbar geführten Hofladen, in dem man sich

Hin & weg: Sternhagen liegt rund 9 km Luftlinie südwestlich von Prenzlau. Anfahrt von Norden kommend über die B109 und K7321 oder die K7320.

Dauer: Bestenfalls mit einer Übernachtung.

Beste Zeit: Ganzjährig.

Ausrüstung: Ein gutes Buch, gemütliche Schuhe und auf gar keinen Fall ein Handy.

Wenn es Nacht wird: Dann empfiehlt sich die Pension Bett am Kornfeld (www.pension-bett-am-kornfeld.de), umgeben von Feldern und nur 500 m vom Pinnower Badesee entfernt.

Der Sternhagener Haussee liegt abseits der Straße und ist dadurch der perfekte Ruhepol – ideal zum Ausspannen und Drauflosspazieren.

direkt mit Proviant für Ausflüge ins Umland ausstatten kann. Und das hat wirklich einiges zu bieten.

Der beste Tipp: Einfach drauflosspazieren und nicht vergessen, das Handy in der Unterkunft zurückzulassen, um sich ganz der Umgebung zu widmen. Wer Sternhagen über den Pinnower Weg verlässt, der passiert eine heimelige Wohngegend und alte Bauernhäuser, bevor es rasch aus dem ohnehin schon ruhigen Dorf hinaus- und vollends hinein in die Natur geht. Schon nach wenigen Stunden ohne nimmt man seine Umwelt ganz anders wahr als noch mit dem Smartphone in der Hosentasche. Die Vögel zwitschern plötzlich fideler als sonst, das Gras raschelt lauter, und die selten passierenden Autos erscheinen auf einmal als echte Störenfriede.

Ein tolles Ausflugsziel ist der Sternhagener Haussee, der sich rund einen Kilometer vor den Toren Sternhagens befindet und nicht nur zum Verweilen einlädt, sondern auch zum Verputzen des mitgebrachten Vespers oder für einen Sprung ins kühle Nass. Auch Pinnow, rund drei Kilometer weiter südlich in Richtung Gerswalde gelegen, ist einen Abstecher wert. Hier kann man nicht nur schön über die kopfsteingepflasterten Wege spazieren, sondern auch im Waffenmuseum hinter dem Bahnhof etwas über die Geschichte der Region erfahren.

> **FAZIT: WER ABSCHALTEN WILL, MUSS AUCH MAL OFFLINE GEHEN. DAS GEHT IN DER UCKERMARK BESONDERS GUT.**

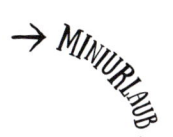

WARUM IST DER BAUM KRUMM?

... auf Radtour an der Grenze zu Polen

#42

Manchmal, da überhäuft einen ein einziges Wochenende mit etlichen Fragen. Wieso zum Beispiel sind die Bäume in Polen krumm? Und wie lange dauert es wohl, mit dem Rad von Deutschland bis in das Nachbarland zu fahren? Zeit, es herauszufinden.

Saftiges Grün, so weit das Auge reicht: Das Ufer entlang der breiten Oder eignet sich perfekt für einen Ausflug ins Grüne — oder auch ins Nachbarland Polen.

Die Nordostuckermark verläuft, getrennt nur durch das schillernde Wasser der Oder, direkt an der Grenze zu Polen. Wieso also nicht mal ein kleines Zwei-Länder-Abenteuer starten?

Los geht's im hübschen Dörfchen Mescherin, das den nördlichsten Punkt des Landkreises Uckermark markiert. Von hier aus startet das Wochenende der Grenzerfahrung, die nicht nur an, sondern auch über Land stattfindet. Direkt am Campingplatz des 825-Seelen-Dorfes geht es mit dem Fahrrad an der Oder entlang in Richtung Panoramaturm. Ein kurzer Überblick macht deutlich, wie idyllisch das vier Kilometer breite Oderdelta ist. Hier schlängeln sich kleine Kanäle durch die Auenlandschaft, die ein wahres Paradies für Vögel, Fische und Abertausende ungestört quakender Frösche ist.

Die Greifenhagener Brücke in mattem Stahlblau kann zu Fuß, mit dem Auto oder dem Fahrrad überquert werden.

Knapp fünf Kilometer braucht man, bis die Stadt Gryfino auf der polnischen Seite des Oderufers am Horizont glitzert. Doch zuerst geht es über die knallblaue Brücke über die Oder und mitten auf die Kopfsteinpflasterstraße, die von Feldern gesäumt ist.

Gryfino selbst ist mit seinen 20 000 Einwohnern ein polnisches Kleinstadtidyll. Am schnellsten verfällt man dem Charme des Nachbarlandes bei einem Stück Kuchen in einem Café im belebten Zentrum. Besonders nett ist das Café Artisan, in dem es auch polnische Spezialitäten wie Borschtsch gibt.

Krumme Dinger an der polnischen Grenze? Wer den Wald vor lauter Bäumen nicht sieht, dem geht es so wie vielen Besuchern hier. Willkommen im Krummen Wald oder *Krzywy Las* in Neu Zwarnow. In diesem Waldabschnitt, nur fünf Kilometer hinter Gryfino, sind die Baumstämme zum Teil im 90-Grad-Winkel gebogen und wachsen gerade so wie umgedrehte Fragezeichen. Berühmt geworden ist der Wald durch eine Folge eines bekannten TV-Krimis. Ob sich heute noch Kommissare hier herumtreiben, weiß man nicht. Was jedoch sicher ist: Der Wald versprüht eine Magie, die man so nur aus »Hänsel und Gretel« und Co. kennt und die man wenigstens in Gedanken und mit ein paar Schnappschüssen festhalten möchte.

Tipp: Vom Campingplatz Mescherin aus kann man sich ein Kanu leihen und das Oderdelta vom Wasser aus erleben. Auch geführte Touren mit Naturexperten werden angeboten.

FAZIT: KRUMME BÄUME UND SCHILLERNDES WASSER SO SCHÖN KANN EIN URLAUB ZWISCHEN DEUTSCHLAND UND POLEN SEIN.

Hin & weg: Vom Bahnhof Tantow aus sind es nur 8 km bis nach Mescherin. Von hier aus ist man am besten mit dem Rad unterwegs.

Dauer: Eine Übernachtung, um genug Zeit am, im und über dem Wasser zu verbringen.

Beste Zeit: Frühling und Sommer.

Ausrüstung: Fahrrad, Kamera und Appetit auf ein Stückchen Kuchen.

Wenn es Nacht wird: Im Zollhaus Mescherin (www.mescherin.com) schläft man in einfachen Zimmern direkt am Wasser und beginnt den Morgen mit dem Blick auf die Oder.

RUHE IM PARADIES

⋝ ... auf der Halbinsel Pehlitzwerder ⋜

#43

Oh, wie schön ist es, einfach mal im Nichts zu sein. Hier funkelt der Parsteiner See im Sonnenlicht, und es ist so ruhig, dass man fast das Schilf rascheln hört. So eine Auszeit als Insulaner sollte am liebsten niemals enden.

liche anderen Lebensmittel mit einem richtig grünen Daumen herstellt. Kein Strom, kaum Netz und alles außer Stress gehören auf der Pehlitzwerder zu den All-inclusive-Leistungen. Ein Bändchen für das Handgelenk gibt es zwar nicht, dafür aber die volle Portion abschalten und ankommen – und das ist ja ohnehin viel mehr wert.

Die Pehlitzwerder ist ein Stück Barnimer Land für sich. Vor etlichen Jahren haben hier ein paar Bischöfe begonnen, ein Kloster zu bauen. Heute sind von dem Zisterzienserkloster Mariensee nicht mehr als ein paar Mauerreste übrig geblieben. Warum die Mönche aufgehört haben zu bauen, das weiß keiner so genau – vermutlich wegen des morschen Sumpfbodens der Insel, der bis heute eine vielfältige Flora und Fauna zum Blühen und Krähen vereint. Abseits der kleinen Historie hat die Halbinsel aber vor allem eines im Gepäck: den wohl klarsten und saubersten See in Brandenburg und das direkt vor der Haus-, ähm, Zelttür.

Das gesamte Ufer des Parsteiner Sees ist komplett naturbelassen und mit Schonzonen ausgestattet, die der Naturoase eben auch mal eine Auszeit gestatten. Gut so, denn sonst wäre der See nicht ein solches Paradies. Ausgewiesene Badestellen laden die Besucher der Halbinsel zum Planschen ein, und auch Angeln klappt hier ziemlich gut. Wer will, kann den Fisch dann direkt am Abend über dem Grill auf dem Campingplatz verputzen. Klingt doch nach einem lohnenswerten Abenteuer im Grünen, oder?

Wenn das Wasser hoch genug steht, dann ist man hier ein Insulaner. Wenn nicht, dann formt sich die Pehlitzwerder zu einer Halbinsel und zu einem Kleinod, auf dem Baum und Vogel sich guten Morgen und gute Nacht sagen. Und mittendrin? Gibt es jede Menge glückliche Camper, die ihre Zeit auf dem unberührten Fleckchen Natur genießen.

Von der Pehlitzwerder ist es übrigens nur einen Katzensprung zum Kleinen Rummelsberger, der mit seinen 81 Meter Höhe einen schier endlosen Blick über das Biosphärenreservat Schorfheide-Chorin mit all seinen Seen, Feldern und Wäldern bietet (Eskapade #14). Köstlichen Proviant für die Wanderung auf den Berg gibt's im Ökodorf Brodowin, das schon seit 25 Jahren Milch, Käse und sämt-

Schnabel halten und genießen: Menschliche Besucher sind nicht die Einzigen, bei denen die schöne Seenlandschaft gut ankommt.

Hin & weg: Vom Bahnhof Chorin kommt man am besten mit dem Fahrrad zur Pehlitzwerder. Wer zu viel Gepäck hat, der kann mit dem Zug bis Eberswalde fahren und von dort von Montag bis Freitag den Bus 912 zur Pehlitzwerder nehmen.

Dauer: Für die richtige Auszeit lohnt es sich, über Nacht zu bleiben, denn nichts ist schöner als ein Sonnenuntergang am Parsteiner See.

Beste Zeit: Frühjahr und Sommer sind wunderbar, um die Natur, die die Halbinsel umgibt, zu erleben.

Ausrüstung: Ein Zelt und alles, was man für die Nacht und Freizeitgestaltung im Grünen braucht. Und bloß nicht die Badesachen vergessen, denn das Wasser hier ist wirklich kristallklar.

Wenn es Nacht wird: Der Naturcampingplatz Parsteiner See bietet nicht nur Stellplätze für Wohnwagen, sondern auch Zeltstandorte und kleine Bungalows, die bestenfalls im Voraus online gebucht werden (parsteiner-see-camping.de).

FAZIT: CAMPEN AM SEE IST GENUSS PUR.

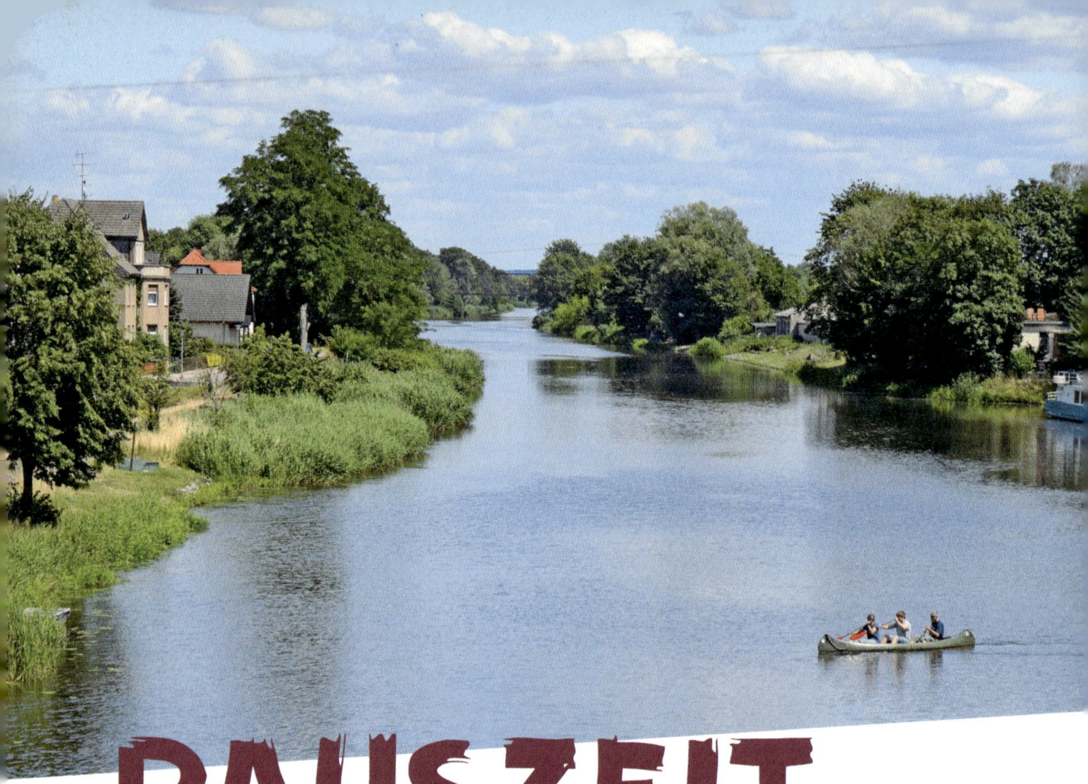

RAUSZEIT

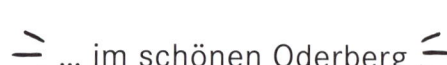

... im schönen Oderberg

#44

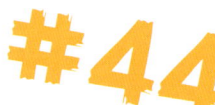

Oderberg im Landkreis Barnim ist wie geschaffen für eine kleine Auszeit abseits der Großstadt. Es rufen sowohl Kultur als auch Natur – samt einem spannenden Ausflug in die Geschichte der Binnenschifffahrt.

#TanteRiesa #SchifffahrtmitdreiF #Kleinod

Ein Kleinod: Zwischen Kopfsteinpflaster und Bäumchenalleen flaniert es sich besonders gut.

Einen Tag lang Kleinstadtluft schnuppern kann jeder vertragen, besonders in einem so beschaulichen Städtchen wie Oderberg im Barnimer Land. Dort wartet mit dem Oderberger Binnenschifffahrtsmuseum die wohl bekannteste Sehenswürdigkeit und somit der perfekte Einstieg in die Geschichte der Stadt – sogar zum Anfassen. Nicht nur wird hier die Regionalgeschichte von der Steinzeit bis zur frühen Neuzeit mit Fundstücken aus den Kiesgruben der Umgebung dargestellt. Im Außenbereich, direkt an der Alten Oder, liegt das eigentliche Highlight vor Anker: der im Jahr 1897 vom Stapel gelaufene Elbe-Seitenraddampfer Riesa.

Tipp: Einen besonders guten Blick auf Riesa hat man von der markanten Stahlbrücke aus, welche über die Alte Oder verläuft.

Unbedingt sollte man auch gleich auf die andere Uferseite hinüberspazieren, in Richtung des alten Stadtkerns. Denn dort warten wundervoll restaurierte Fachwerkhäuser. Die

Schon vor über 120 Jahren an Land gegangen: Lokalgröße Riesa begrüßt ihre Besucher mit dem Flussfahrtcharme längst vergangener Zeiten.

ältesten von ihnen stammen sogar noch aus dem 18. Jahrhundert. Kaum zu übersehen, erhebt sich in ihrer Mitte die 1855 geweihte Sankt-Nikolai-Kirche. Hier darf man einen Blick in die neugotische Basilika werfen, deren Innenausstattung zum Teil tatsächlich noch original ist.

Dann geht es wieder ins Freie und hoch hinaus. Denn direkt neben dem Gotteshaus führt eine Treppe zum Albrechtsberg hinauf, dem schönsten Aussichtspunkt von Oderberg. Der steile Aufstieg lohnt sich allemal. Kaum zu glauben, dass hier oben einmal eine stattliche Burg stand. Die mittelalterliche Anlage ließ Albrecht II. auf einem slawischen Burgwall anlegen, bevor sie 1349 in der Schlacht von Oderberg bis auf die Grundmauern zerstört wurde. Ihre Spuren sind aber bis heute zu erkennen. Doch auch der Ausblick vom

Albrechtsberg hat es in sich: Er erstreckt sich nicht nur auf die Stadt und die Sankt-Nikolai-Kirche, sondern auf das gesamte Naturschutzgebiet Niederoderbruch. Gelbe Markierungen führen wieder hinab in den historischen Ortskern.

Wer glaubt, die Oderberger hätten den Einsturz der Burg auf sich sitzen lassen, liegt übrigens falsch. Schon vier Jahre später wurde mit dem Bau des Bardyn Castrum begonnen, den der Volksmund auch heute noch ganz Furcht einflößend Festung Bärenkasten nennt. Übrig geblieben ist davon jedoch leider auch nur eine Ruine. Sie ist am südlichen Flussufer unweit des Sportplatzes zu finden.

Während man den Abend am besten in einem der Restaurants im Stadtkern von Oderberg ausklingen lässt kann man den nächsten Mor-

Stadt, Land, Fluss: Oderberg vereint alles in einer schnuckeligen Miniaturausgabe.

gen sportlich beginnen: mit einer ausgiebigen Kanufahrt. Kanus können direkt bei Riesa am Kanuverleih Oderberg ausgeliehen werden (www.kanu-oderberg.de). Dann heißt es: einfach drauflospaddeln, und zwar entweder rüber ans andere Ufer oder direkt zum Oderberger See. Eines ist sicher – vom Wasser aus versprüht der Ort noch mal einen ganz anderen Charme.

FAZIT: PADDELN, WANDERN, STAUNEN: EIN MINIURLAUB IN ODERBERG HAT MEHR ZU BIETEN, ALS MAN DENKT.

Hin & weg: Mit dem Zug nach Eberswalde und von dort mit dem Bus 916 nach Oderberg, Stadtmitte.

Dauer: 1–2 Tage.

Beste Zeit: Die Sommermonate von Mai bis August.

Ausrüstung: Gemütliches Schuhwerk.

Wenn es Nacht wird: Pension und Restaurant Grüne Aue liegt zentral am Wasser und nur 200 m vom Binnenschifffahrtsmuseum entfernt (www. gruene-aue-oderberg.de).

HIPPES BRANDEN- BURG

 … ein Wochenende in Gerswalde

Gerswalde gilt als Berlins 13. Bezirk. Die kleine Gemeinde zieht mit einer hippen Oase im Grünen vor allem die junge Garde der Städte an. Sie bietet einen Wochenendausflug zwischen frisch geräuchertem Fisch, japanischem Flair und jeder Menge Grün.

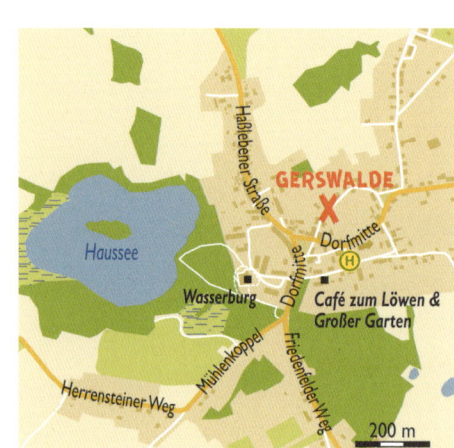

Vom Gewächshaus zum hippen Café: Der Große Garten in Gerswalde ist vor allem an lauen Sommerabenden ein beliebtes Reiseziel für gestresste Großstädter.

Was macht eine Japanerin in der Uckermark? Was sich anhört wie ein schlechter Kalauer, ist im beschaulichen Gerswalde Realität. Genau genommen führt die junge Asiatin ein

Café, und zwar in einer verwunschenen Grünanlage mit dem treffenden Namen Großer Garten. Er und einige andere Highlights machen Gerswalde im geografischen Mittelpunkt der Uckermark zu einem perfekten Ausflugsziel für Berliner, Potsdamer und Co.

Besagter Garten steht auf dem Gelände der ehemaligen Schlossgärtnerei und hat sich in nur wenigen Jahren mitsamt der bröckelnden Gebäude in ein kleines Refugium für gestresste Großstädter verwandelt. Im kleinen Innenhof erwartet die Besucher ein so breites Angebot, dass man hier gut ein paar Stunden verbringen kann. Dafür sorgt unter anderem das über die Grenzen der Uckermark hinaus bekannt gewordene Glut & Späne, eine rustikale Fischräucherei, wo Forellen noch so echt zubereitet werden, wie es sein soll: geräuchert

Einmal Mittelalter und zurück: Die Wasserburg Gerswalde wurde zwischen 1239 und 1250 erbaut.

und mit einfachen, aber umso leckereren Beilagen. Das Dessert gibt's direkt gegenüber mit natürlich selbst gemachtem Mango- oder Brombeereis. Yummy!

Eines ist sicher, man tut Gerswalde unrecht, wenn man es bei einem kurzen Stelldichein belässt. Der Ort hat noch einiges zu bieten. Wer das Essen gleich wieder abtrainieren will, sollte der mittelalterlichen Wasserburg einen Besuch abstatten. Hier zwischen den ruinenhaften Wänden kann man sich wunderbar verlieren. Wiedergefunden? Dann lohnt sich ein Sprung in den nahen Haussee.

Wer nun wieder einen leichten Hunger verspürt, sollte sich direkt auf dem Weg zurück zum Großen Garten machen. Denn das Café zum Löwen ist im späten Nachmittagslicht besonders schön. Das zum Café und Restaurant umfunktionierte Gewächshaus lockt mit jeder Menge frisch zubereiteter Gerichte, ultraleckerem Kuchen und einer Inneneinrichtung zum Verlieben. Den Räumlichkeiten wohnt ein unglaublich charmantes japanisches Flair inne. Und sonst? Sonst wartet der Große Garten noch mit einer großen Grünfläche samt Gemüsebeeten auf und mit der sympathisch improvisierten Bar Paradieschen, die den Garten im Sommer jeden Samstagabend ab 18 Uhr in eine gemütliche Laube verwandelt. Ein besseres Umfeld für einen Sonnenuntergangs-Gin-Tonic als unter bunten Lichterketten in uckermärkischer Luft kann es kaum geben.

FAZIT: NICHT NUR BERLIN KANN HIP. GERSWALDE LOCKT GROSSSTÄDTER MIT NATUR, KULINARIK UND EINEM JUNGEN FLAIR.

Hin & weg: Vom Bahnhof Wilmersdorf (bei Angermünde) oder Templin mit dem Bus 504 bis Gerswalde Markt.

Dauer: Diese Eskapade ist als Wochenendausflug geradezu perfekt.

Beste Zeit: Die Sommermonate mit ihren lauen Abenden sind besonders schön.

Ausrüstung: Von Outdoorklamotten bis Berliner Chic ist alles en vogue.

Wenn es Nacht wird: Da lohnt sich die moderne und bestens gelegene Ferienwohnung Zum alten Ambulatorium (www.ferienwohnung-gerswalde. jimdofree.com) mit unglaublich netten Vermietern.

ZWISCHEN DEN SEEN

 ... zwischen Suckow, Fergitz und Flieth

#46 *Manchmal braucht es eine Auszeit im Freien – an einem Ort, an dem die Vögel zwitschern, das Gras duftet und die Seen um die Wette glitzern. Besonders gut geht das in Suckow, Fergitz und Flieth, wo die Natur auf Hochtouren arbeitet und jeglicher andere Empfang sowieso nicht funktioniert.*

#Naturkinder #Dorfliebe #Einöde #Outback

→ MINIURLAUB …

Wrietzensee

Gewässer des Naturschutzfonds
Brandenburg

Bewirtschaftung: Fischerei Brodowin
Kontakt: Herr Latendorf
0171 - 40 55 325

Jemanden mit ins Boot holen?
Am Wrietzensee kein Problem.

Nur einen Katzensprung von Gerswalde entfernt, einem Ort, den die Berliner gern ihren 13. Bezirk nennen (Eskapade #44), entfaltet die Einöde in den Dörfern Suckow, Fergitz und Flieth ihre volle Schönheit. Am besten kann man dieses kleine Idyll in einem Miniurlaub mit dem Fahrrad erleben.

Los geht's in Flieth, wo direkt im Zentrum noch immer die Ruinen der 1239 erbauten Kirche zu erkennen sind. Das kleine Örtchen lässt sich einfach erkennen, nämlich an dem großen Gut, das direkt am Ortseingang auf einen wartet. Gerade einmal zehn Minuten trennen Flieth und Suckow mit dem Rad voneinander. Angekommen in Suckow, sollte man auf keinen Fall eine kleine Tour entlang des Kanals verpassen, der das Gut einmal komplett umkreist. Dabei geht es durch Dickicht und knallgrüne Bäume.

Die letzte und schönste Etappe führt von Suckow nach Fergitz. Drei Kilometer geht es auf der Landstraße in Richtung Osten, bis Fergitz

Einmal über den Dingen stehen kann man auf dem Naturbeobachtungsturm in Fergitz. Er bietet einen einmaligen Blick auf den Oberuckersee.

samt gelbem Ortsschild am Horizont auftaucht. Mit ihm ploppen nicht nur weitläufige Mais- und Rapsfelder auf, sondern auch jede Menge dichte, grüne Baumkronen. Wer den holprigen Wegen durch Fergitz folgt, der kann bald ein Efeupanorama vom Allerfeinsten am Wegesrand bestaunen. Denn hier hat die Pflanze scheinbar jeden Widerstand überwunden und rankt an den Bauernhäusern entlang, die mit ihren knallbunt bepflanzten Blumenkästen den perfekten Kontrast bilden.

Wenn der Tag zu Ende geht und die Landschaft von der untergehenden Sonne in ein zauberhaftes Orange gehüllt wird, sitzt man am besten am Ufer des Oberuckersees. Dieser hat in Fergitz quasi sein kleines Zuhause – genauso wie die heimischen Kormorane auf dem Wasser und die Bussarde in der Luft.

Auch in der frühen Morgensonne wirkt Fergitz genau so, wie man sich ein Bilderbuchörtchen mitten in der Natur vorstellt. Doch es kommt noch besser. Zwischen den Dörfern versteckt sich hinter den Feldern ein weiteres kleines Idyll, das man am liebsten ganz für sich behalten würde: der Wrietzensee. Hier kann man einfach sein, und zwar auf der Picknickdecke mit frischem Jemüse aus der Region. Dafür am besten auf dem Weg durch die Dörfer immer nach kleinen Verkaufsständen vor den Häusern Ausschau halten. Und dann? Bitte mit einem besonnenen Lächeln die Radare wieder nur auf eine Frequenz stellen: pure Natur.

Tipp: In Fergitz gibt es einen Naturbeobachtungsturm, der einen tollen Blick in die Weite der Uckermark bietet.

Hin & weg: Vom Bahnhof Gerswalde mit dem Fahrrad nach Fergitz. Die drei Dörfer sind über ausgeschilderte Radwege miteinander verbunden.

Dauer & Strecke: Ein ganzer Tag bis zu einem Wochenende, um den Charme der Dörfer aufzusaugen. Etwa 21 km.

Beste Zeit: Frühling und Sommer, wenn die Felder blühen und die Abende lang sind.

Ausrüstung: Picknickdecke und Fahrrad.

Wenn es Nacht wird: Im Gut Fergitz schläft man hervorragend. Das frühere Adelsanwesen war in DDR-Zeiten eine Kälberzucht der LPG, bevor 2001 Ferienwohnungen entstanden (www.gut-fergitz.de).

WEG-GEPADDELT

> ... mit dem Kanu von Lychen nach Templin <

 **#47**

Pure Stille, nur gestört durch das Plätschern, wenn das Paddel die Wasseroberfläche durchbricht. Auf geht's zur Entdeckung der Seen und Flüsse der Uckermark bei einer Kanutour durch die Schleusen zwischen Lychen und Templin.

Einmal kurz die Arme aufgeregt im Kreis bewegen, die Schultern aufwärmen, und schon kann es losgehen. 60 Kilometer weit geht es über Wasserarme, Seen, Flüsse und durch jede Menge Schleusen quer durch den Naturpark Uckermärkische Seen.

Mit den gepackten Kanus startet man am Ufer des Nesselpfuhls, bevor es gemächlich durch den Großen Lychensee und über den Fluss Woblitz in den Heimatort des Weihnachtsmannes, nach Himmelpfort, geht. Hier wartet dann die erste Herausforderung: die erste Schleuse. Die Schleusen brauchen ein bisschen, um so richtig in Fahrt zu kommen. Deswegen können in der Zwischenzeit getrost die Kanus angebunden und ein kleiner Abstecher nach Himmelpfort unternommen werden.

Neben der Weihnachtsmannstube sind hier auch die Ruinen des ehemaligen Zisterzienserklosters sehenswert.

Lychen wird auch die Stadt der sieben Seen genannt. Sie alle lassen sich wunderbar bei einer Kanutour miteinander verbinden. Nur, wo startet man am besten?

Wer die Schleuse gemeistert hat, wird jetzt über den Stolpsee in Richtung Havel schippern. Je nach Fitness gibt es jetzt zwei Möglichkeiten: Entweder endet die Tagestour mit dem Kanu in Bredereiche im Bootshaus, in dem es nicht nur guten Fisch, sondern auch gemütliche Zimmer gibt, oder aber sie führt weiter übers Wasser. Denn der Tag ist noch lange nicht vorbei.

Ab hier verläuft ein 20 Kilometer langer Weg durch unberührtes Naturschutzgebiet, in dem Kühe und Ziege grasen, bis zur Schleuse Regow. Der Capriolenhof ist die beste Adresse, um nicht nur den kleinen Hunger mit hausgemachtem Ziegenkäse zu stillen, sondern auch schon mal den Vorrat an Leckereien für den Abend aufzustocken.

Über die Schleusen Zaaren und Schorfheide führt der Wasserweg auf der linken Seite in Richtung Templin. Wer sich für die Option Zelten auf dem Biwakplatz entschieden hat, der findet auf der kleinen Halbinsel vor der Schleuse Kannenburg den mit Abstand schönsten von allen.

Man sagt ja, dass Muskelkater am ehesten verschwindet, indem man einfach weitersportelt. Deswegen geht es schon früh am Morgen weiter mit den Kanus. Zuerst passiert man Templin, dann geht es über den Stadtsee und Gleuensee bis zum Landgasthaus Lindenhof am Netzowsee. Achtung, jetzt kommt ein kleines Highlight! Die Kanus bekommen hier nämlich kleine Rollen, um über den Radweg zum Platkowsee zu gelangen. Keine Sorge, es gibt auch einen Shuttle vom Landgasthof für alle, deren Schultern so langsam nachgeben. Dann heißt es Endspurt: Denn Lychen ist nicht mehr weit.

FAZIT: FÜR DIE SINNE UND FÜR DIE ARME – 24 STUNDEN IN DER NATUR KÖNNEN NICHT GLÜCKLICHER MACHEN ALS HIER AUF DEM WASSER.

Hin & weg: Die Tour startet am Nesselpfuhl in Lychen. Wer mit dem Auto anreist, kann dieses direkt hier parken. Von der Bushaltestelle Lychen Markt sind es nur 4 Minuten zu Fuß bis Nesselpfuhl.

Dauer & Strecke: Eine Übernachtung. Ca. 60 km mit dem Kanu.

Beste Zeit: Frühling und Sommer, wenn es nicht zu windig ist.

Ausrüstung: Wetterfeste Kleidung, und wer auf den Biwakzeltplätzen schläft, sollte Zelt und Co. dabeihaben.

Wenn es Nacht wird: Der Biwakplatz an der Kannenburger Schleuse kann einfach angefahren werden (www.tinkerhof-kannenburg.de/unser-kannenburg/biwakplatz). Wer lieber im Bett schläft: Die Gaststätte Bootshaus in Bredereiche bietet Doppelzimmer inklusive Frühstück an (www.bootshaus-bandelow.de).

WASSER, WÄLDER, HÜGEL

 ... im Boitzenburger Land

#48

*Hier fließt es noch, das blaue Blut –
zwar nur historisch gesehen, aber auch
mit Wanderschuhen bekommt man auf
dem Großen Boitzenburger die Geschichte
der Uckermark hautnah mit und kann
dabei ganz ungestört durch die Weiten
der Natur wandern.*

#großerBruder #derBoitzenburger #Klostermühle

Der süße Geruch von Flieder umhüllt von April bis Juni das Boitzenburger Land.

Der große Bruder des Kleinen Boitzenburgers hat es in sich. Los geht es auf dem Parkplatz in der Nähe der Klostermühle. Ab hier weisen ein kleines gelbes Kreuz und eine Plakette mit der Aufschrift »Großer Boitzenburger« den Weg durch ein riesiges Waldgebiet, das die hügelige Moränenlandschaft bedeckt.

Der erste Abschnitt der Wanderung führt vorbei am Weinberg, dann links über die L15 und den Wanderweg Alter Sportplatz und schlängelt sich am Waldrand entlang bis zum Örtchen Zerwelin. Hier trifft der Große Boitzenburger auf die Uckermärker Landrunde.

Lange bleibt man jetzt nicht im Ort, denn von der Lindenallee aus geht es, der Markierung folgend, rechts in den Wald und mitten durch die Zerwelliner Heide. Wer Glück hat, kann in den Sommermonaten die kunterbuntesten Farben aller möglichen Blumen bewundern.

Die nächste Ortschaft, idyllisch auf dem Wanderweg gelegen, ist Naugarten. Hier gibt es

So prächtig wie eh und je: Viele Fachwerkhäuser zwischen Berkholz und Naugarten sind sehr gut in Schuss.

nicht nur den gleichnamigen See, in dem man sich kurz erfrischen kann, sondern auch den Landgasthof Kokurin, der sehr gutes Essen und Entspannung bietet, bevor man die Wanderung fortsetzt. Diese führt jetzt auf einen wunderbaren Aussichtspunkt am Rastplatz, von dem aus man eine uneingeschränkte Sicht über Naugarten und seinen See hat.

Wenn dann die Sonne so langsam untergeht und das Boitzenburger Land in ein zartes Orange taucht, dann ist der richtige Moment für die Einkehr gekommen. Hierfür empfiehlt sich die idyllisch gelegene Wassermühle Gollmitz, in der heute gemütliche Ferienwohnungen müde Wandersfüße wieder aufwecken.

Der nächste Morgen geht genau da weiter, wo er am Abend aufgehört hat. Von der Wasser-mühle aus geht es in Richtung Berkholz und dann direkt in den Boitzenburger Tiergarten, der früher das offizielle Jagdgebiet des Adels war. Keine Sorge, heute wird hier nicht mehr gejagt, sondern vielmehr die komplette Aufmerksamkeit den bis zu 900 Jahre alten Buchen und Eichen geschenkt. Ein klein wenig Jagdcharme ist dennoch geblieben, nämlich auf dem Jägerplatz samt Schutzhütte, die sich hinter dem Verlobungsstein der von Arnims befinden. Von hier aus sind es nur noch ein paar Meter bis zum Startpunkt der Wanderung – perfektes Timing, um vor dem Nachhauseweg noch kurz beim Marstall auf ein Stückchen hauseigene Schokolade vorbeizugehen. Schon seit 2006 wird hier feinste belgische Schokolade zu Figuren, Tafeln und kleinen Pralinés verarbeitete. Verdient hat man es sich auf jeden Fall!

Hin & weg: Am einfachsten nimmt man vom Bahnhof Templin den Bus bis nach Boitzenburg. Von hier aus fährt der UckermarkShuttle (Linie 503) zum Boitzenburger Markt, wo die Wanderung startet.

Dauer & Strecke: Ca. 6 Std. und 19 km reine Wanderstrecke. Eine Übernachtung lohnt sich.

Beste Zeit: Frühling und Sommer, wenn die Blumen in den schönsten Farben blühen.

Ausrüstung: Gute und bequeme Wanderschuhe, Wasser, Mückenschutz und eine Kopfbedeckung.

Wenn es Nacht wird: Übernachten kann man am besten in einer der Ferienwohnungen in der Wassermühle Gollmitz (www.wassermuehle-gollmitz.de).

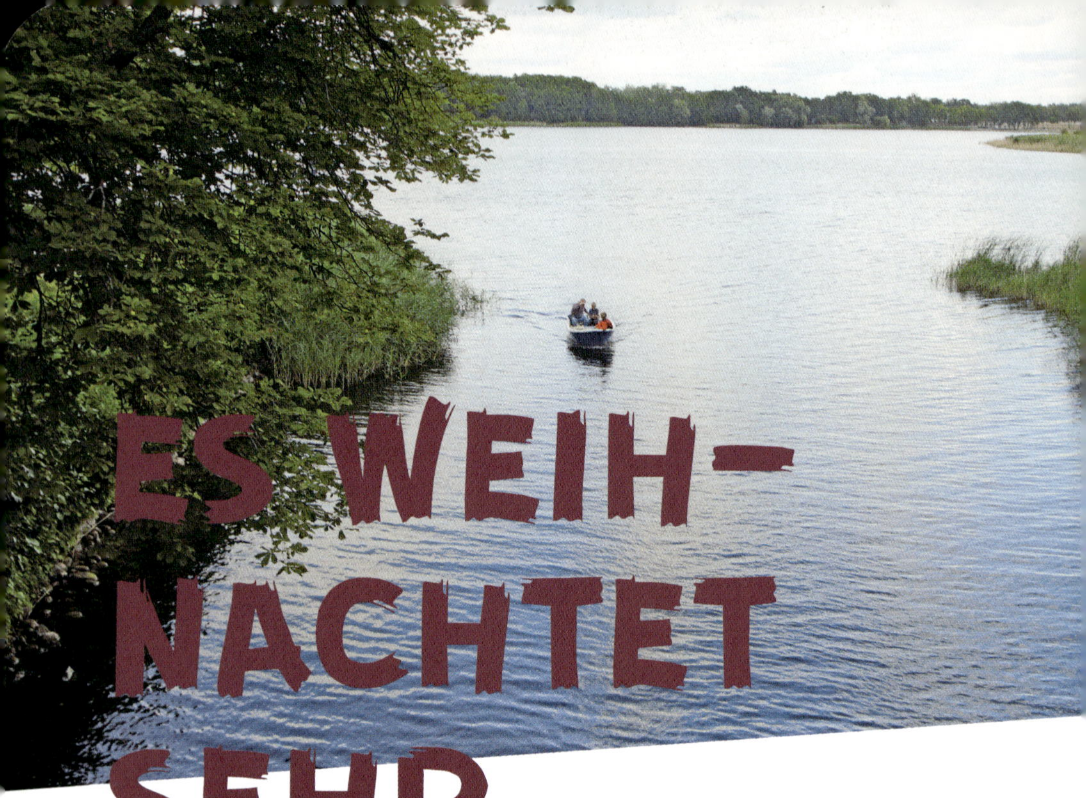

ES WEIH-NACHTET SEHR

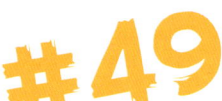

... auf dem Märkischen Feldweg

#49

Romantischer Weihnachtsflair selbst im Sommer: Der Märkische Feldweg führt direkt zum Weihnachtsmann nach Himmelpfort. Doch zuerst geht es vorbei an glitzernden Wasseroberflächen und durch dichte Wälder, die eine Wanderung zu einem echten Erlebnis machen.

#Wasserspiel #Wandersleut #ZwischendenUfern #Weihnachtenistimmer

Über Wald und Wiesen zum Weihnachtsmann: In Himmelpfort wartet der hölzerne Thron auf ein Erinnerungsfoto der besonderen Art. Ho, ho, ho!

Der Märkische Landweg gehört zu den Riesen der uckermärkischen Wanderwege. Ganze 217 Kilometer ist er lang und erstreckt sich über den Naturpark Uckermärkische Seen, das Biosphärenreservat Schorfheide-Chorin und den Nationalpark Unteres Odertal.

Die Tour beginnt in der Wasserstadt Fürstenberg/Havel. Die nimmt es mit dem Wasserthema dieser Wanderung übrigens sehr genau, denn sie erstreckt sich über drei Inseln, die zwischen den Seen Röblinsee, Baalensee

und Schwedtsee liegen. Startpunkt ist das rötliche Holzhäuschen des Bahnhofs. Der Weg führt zuerst am Alten Postamt und an der Touristeninformation vorbei, bevor man dem blauen Kreuz, der offiziellen Wegmarkierung des Märkischen Landwegs, bis zum Ufer der Havel folgt. Hier nämlich, zwischen der Wallstraße und der Gartenstraße, legt sich eine hölzerne Brücke einmal über den schillernden Fluss und verbindet so die Stadt mit absoluter Naturidylle. Während auf der einen Seite die Stadtsilhouette zu erkennen ist, prangen auf

Zwitschern der Vögel liegt über der Landschaft. Von hier aus führt der Weg durch eine hübsche Wald- und Wiesenlandschaft und vorbei am Stolpsee, der durch das dichte Schilf hindurch zu erkennen ist. Dann geht es für kurze Zeit wieder zurück auf eine asphaltierte Straße, bis endlich der wahre Kindheitstraum mit jedem Schritt näher kommt: das Zuhause des Weihnachtsmanns.

Hinter der Krebsbucht erscheint die Anlegestelle Himmelpfort. Dieses kleine Örtchen ist nicht nur unter Bootsfahrern bekannt, sondern auch bei allen Kindern, die in ihrer Schulzeit schon einmal ihren Wunschzettel eben genau hierhin geschickt haben – ins Büro des Weihnachtsmanns. Dieses gibt es mittlerweile schon seit 35 Jahren. Was damals als simples Experiment zweier Jungs anfing, ist seither der Dauerbrenner unter Kindern. Jährlich werden satte 320 000 Wunschzettel nach Himmelpfort geschickt. Wo, wenn nicht hier, sollte der Weihnachtsmann auch sonst wohnen?

der anderen Seite die Umrisse der Mahn- und Gedenkstätte Ravensbrück.

Wo eben noch Motorboote und Kinderlachen zu hören waren, ist plötzlich Stille. Nur das

Mit dem Radl da? Dann bietet die massive Holzbrücke praktische Transportrillen.

Am nächsten Morgen geht es von Himmelpfort in die Flößerstadt Lychen. Um dorthin zu gelangen, folgt man der Fahrradstraße bis zur großen Holzbrücke, bevor einen der Waldweg zur Naturschutzstation Woblitz führt. Jetzt ist man schon mittendrin im Waldabenteuer, denn plötzlich wechseln sich Erlen mit Kiefern ab, nur unterbrochen von den beiden Seen, die peu à peu hinter dem Schilf auftauchen: der Mellensee und der Stübnitzsee.

Nach etwa drei Stunden markieren die traditionellen Draisinengleise den Ortseingang von Lychen. Herzlich willkommen in der Flößerstadt, die sieben Seen zum absoluten Wasserparadies machen!

Hin & weg: Mit der Regionalbahn geht es bis zum Bahnhof Fürstenberg/Havel. Von hier startet die Etappe auf dem Märkischen Landweg. Der Zug zurück fährt ab Himmelpfort.

Dauer & Strecke: Ca. 9 Std. reine Wanderzeit ohne Anfahrt, Rast und Übernachtung. 31 km.

Beste Zeit: Frühling und Sommer, wenn die Wiesen blühen und der Wasserbetrieb in vollem Gange ist.

Ausrüstung: Gute Wanderschuhe, Sonnenschutz und ausreichend zu trinken.

Wenn es Nacht wird: Nach einer ausgiebigen Wanderung ist die Unterkunft Frosch und Fisch zu empfehlen. Die Pension ist auch bekannt für ihre kulinarischen Highlights und Bierspezialitäten, dafür aber unbedingt vorab einen Tisch reservieren (www.frosch-fisch.de).

FAZIT: EINE WANDERUNG, DIE WASSERIDYLLE MIT WALDCHARME VEREINT UND KINDERAUGEN STRAHLEN LÄSST.

LEINEN LOS!

⊰ ... mit dem Floß durchs Ruppiner Seenland ⊱

#50

Einfach mal treiben lassen kann man
sich hervorragend bei einer Floßtour in
der Ruppiner Seenlandschaft. Egal
ob bei gutem oder schlechtem Wetter,
die komfortablen Flöße sind ideal
für eine Auszeit mit Freunden und eine
Entdeckungsreise, die sich lohnt.

Leinen los und Schiff ahoi! Die Flöße in der Ruppiner Seenlandschaft darf jedermann fahren, ganz ohne Bootsführerschein.

Reine Luft atmen, die Stille und Weitblicke auf ruhiges Gewässer genießen: Abseits vom Trubel der Großstadt wartet ein echtes Abenteuer auf einem urigen Floß.

Los geht's genau in der Mitte zwischen Berlin und Neustrelitz im idyllischen Zehdenick. Hier sticht man von der Marina Zehdenick aus mit dem Floß in See oder vielmehr auf eine der schönsten Wasserstraßen Deutschlands: die Obere Havel-Wasserstraße.

Das Beste vorweg: Die Flöße dürfen ganz ohne Führerschein gefahren werden. Sie bieten vier bis fünf Schlafplätze, ein Camping-WC, einen Kocher und Geschirr für alle. Also gilt es nur noch, das Gefährt mit Proviant, Decken, Schlafsäcken und sonstigem Equipment zu beladen. Und dann? Dann nix wie rein ins Wasserlabyrinth und immer in Richtung Norden halten. Die weiten Kultur-

Am Ende der Straße steht ein Bootshaus am See. Das kommt im Seenland häufig vor.

und Wiesenlandschaften bieten genug Fläche, um mehr als einen Tag umherzuschippern.

Auch der eine oder andere Landgang ist drin. Geschichtsinteressierte sollten einen Halt beim Ziegeleipark in Mildenberg einlegen und die alten Kalköfen bestaunen, wo einst die Baustoffe für den Bau Berlins hergestellt und auf den Wasserwegen in die Hauptstadt transportiert wurden.

Bestens geeignet für die Übernachtung sind die ruhigen Ankerplätze etwas weiter nördlich im Wentow-Gewässer. Noch was vom Nachmittag übrig? Wie wär's mit einem Bad im kühlen Nass? Danach an Bord die Sonne auf den Pelz scheinen lassen und anschließend entspannt das Abendessen aus dem See angeln. Ein echter Aussteigertraum, oder?

Je nachdem, wie weit man es auf dem Wasser bis nach Norden schafft, lohnt sich auch ein Stopp in Fürstenberg/Havel (Eskapade #49) und dort ein Bummel durch die Altstadt oder der Besuch des Barockschlosses mit seiner berühmten Porzellanmanufaktur.

Eines ist sicher: Auf dem Wasser entdeckt man nicht nur ein ganz neues Gefühl von Freiheit, sondern man lernt auch wieder, sich auf die Natur und die einfachen Dinge im Leben zu besinnen.

Ganz besonderer Tipp: Einfach mal in die seitlich abzweigenden Nebengewässer abbiegen. Die hat man oft ganz für sich allein.

FAZIT: ENTSCHLEUNIGUNG PUR AUF EINEM GUT AUSGESTATTETEN FLOß.

Hin & weg: Mit dem Zug von Berlin-Lichtenberg zum Bahnhof Zehdenick und mit dem Bus 833 oder 838 weiter zur Marina Zehdenick.

Dauer & Strecke: 1–2 Tage. Ca. 10–15 km Strecke sind täglich möglich, wobei die Dauer der Tour frei wählbar ist.

Beste Zeit: Die Sommermonate von Mai bis August.

Ausrüstung: Schlafsäcke, Handtücher, Proviant, Angel, Badesachen, Sonnencreme. Flöße kann man z. B. bei Huckleberrys Floßstationen mieten (www. huckleberrys-tour.de).

Wenn es Nacht wird: Dann ankert man einfach am Ufer und genießt die Stille der Natur um sich herum.

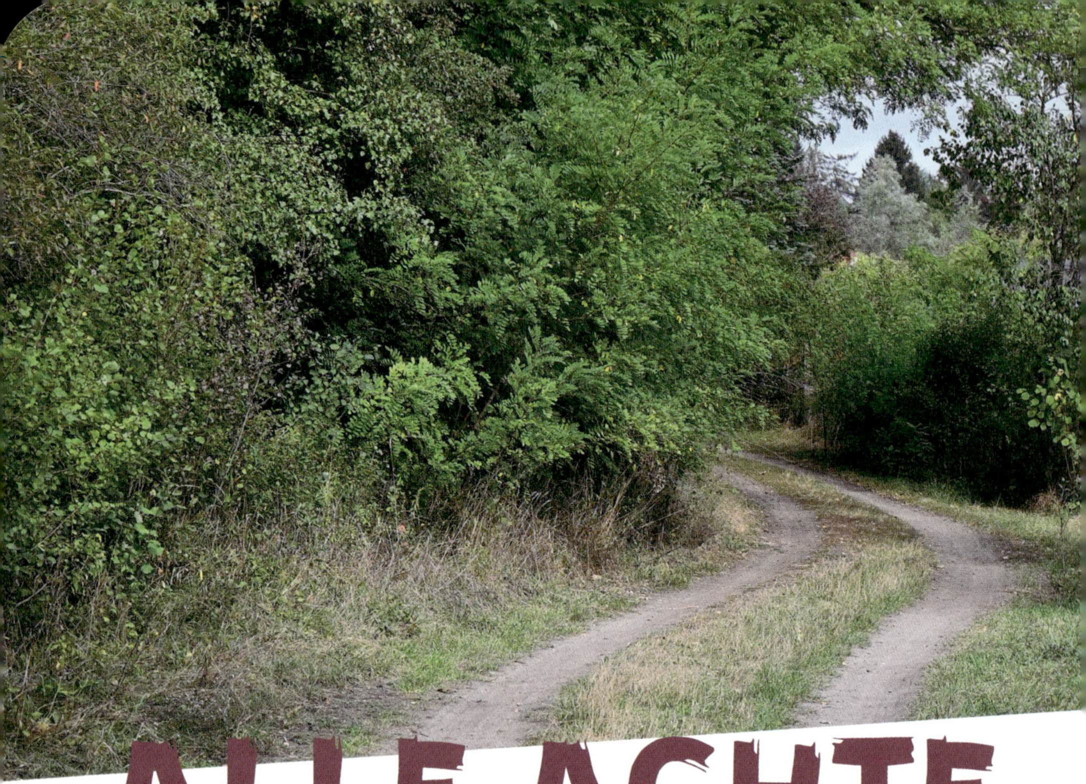

ALLE ACHTE

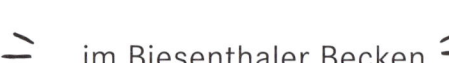

… im Biesenthaler Becken

#51

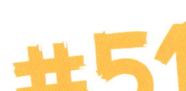

Wenn aus dem Brandenburger Flachland plötzlich eine hügelige Landschaft wird, dann spaziert man ganz sicher durch das Biesenthaler Becken. Hier sagen sich Biber, Eisvogel und Kranich zwischen all den Seen guten Morgen.

#Biberthal #BeckenÜbung #BrandenburgerBerge #natürlichschön

Die Vegetation des Biesenthaler Beckens überrascht an jeder Ecke.

→ MINIURLAUB

Ein bisschen fühlt man sich ja wie im Film »Ice Age«, wenn man durch das Biesenthaler Becken spaziert. Denn hier hat sich eine Gletscherzunge ordentlich durch die Landschaft gezogen und Moore, Wälder und Fließgewässer zur hügeligen Naturschönheit geformt.

Am besten erlebt man die Region auf einem Teilstück der 66-Seen-Wanderung. Los geht's in Wensickendorf, wo eine etwa 30,5 Kilometer lange Wanderung startet, die nicht nur an wunderbar herbstlichen Landschaftsab-schnitten vorbei-, sondern auch zu historisch spannenden Sehenswürdigkeiten führt.

Keine Angst, 66 Seen werden es heute nicht, aber acht sollten es schon sein. Für die Wanderung geht es immer dem blauen Punkt auf weißem Punkt nach. Der führt vom Bahnhof Wensickendorf zunächst nach Osten auf den Stolzenhagener Weg durch die von dicken Bäumen gesäumte Straße, die im Herbstlicht orange leuchtet. Der erste See auf der Etappe ist der Stolzenhagener See, der mit der

Da sieht man fast den See vor lauter Bäumen nicht mehr. Doch es lohnt sich, durch das dichte Geäst zu schauen, denn überall könnte der nächste See lauern.

Fischerstube schon den perfekten ersten Stopp bietet. Gestärkt geht es weiter am Ufer des Stolzenhagener Sees entlang. Nun ist es nicht mehr weit bis zum Wandlitzer See. Um dessen glatte Oberfläche richtig bewundern zu können, ist die erste öffentliche Badestelle nach dem Bootsplatz zu empfehlen. Während man hier im Sommer gut die SUPer beobachten kann, kehrt im Herbst die Stille ein, die die Gegend hier so meisterlich beherrscht.

Über die Uferpromenade geht's am Strandbad Wandlitz vorbei zum Bahnhof Wandlitzsee in die Straße An der Bogenheide, die zu den Drei Heiligen Pfühlen und damit zum dritten, vierten und fünften See der Etappe führt. Ab jetzt ist die Luft erfüllt vom herbstlichen Waldgeruch, der Boden übersät mit farbigen Blättern, und vielleicht stehen schon ein paar Pilze am Wegesrand.

Wer will, kann jetzt dem normalen Weg von Wandlitz nach Ützdorf folgen oder aber die romantische Alternative am Ufer der Drei Pfühle wählen, um noch einmal tiefer durch die Natur zu spazieren. So oder so geht es danach wieder auf den regulären Wanderweg, denn drei Seen folgen heute noch.

Durch ein kleines Sumpfgebiet hindurch, das im Herbst noch grüner und feuchter scheint als sonst, landet man direkt am Regenbogensee und kurz danach am Liepnitzsee. Auch wenn man hier im Sommer wunderbar ungestört ins kühle Nass hüpfen kann, ist der Herbst keine schlechte Alternative für einen Spaziergang. Übrigens: Der Liepnitzsee gilt als einer der saubersten Seen des Landes, denn er hat keinerlei Zuflüsse aus Siedlungen.

Jetzt kommt der Endspurt zum glasklaren, von Bäumen gesäumten Obersee. Es ist der perfekte Ort, um die acht Seen des Tages bei einer heißen Schokolade im Hotel Seeschloss Revue passieren zu lassen – oder den nächsten Tag, die nächsten Seen und den nächsten Ausflug in die Natur zu planen.

FAZIT: SO VIELE SEEN UND DOCH NICHT ALLES GESEHEN. DIE PERFEKTE ETAPPE FÜR DEN EINSTIEG.

Hin & weg: Die Regionalbahn fährt direkt zum Bahnhof Biesenthal. Zurück geht es mit dem Bus 890 nach Bernau, von wo aus einige Regionalzüge mehrmals täglich fahren.

Beste Zeit: Im Herbst leuchten die Blätter der Bäume rund um die vielen Seen in besonders schöner Farbenpracht.

Dauer & Strecke: Bestenfalls verbindet man die Wanderung durchs Biesenthaler Becken mit einer Übernachtung vor Ort. Die reine Wanderstrecke beträgt 30 km, Rast und Fotostopp müssen jedoch auch noch mit einkalkuliert werden.

Ausrüstung: Gute Wanderschuhe, bequeme Rucksäcke, eine Kamera und vielleicht ein Fernglas, um die Tiere zu beobachten.

Wenn es Nacht wird: Übernachten kann man am besten im Seeschloss Lanke, wo nicht nur Max Schmeling einst im hoteleigenen Ring trainierte, sondern auch die Umgebung fast schon zu perfekt ist (www.seeschloss-lanke.de).

NATUR–
ROMANTIK

≥ ... zwischen Blumberger Mühle und Wolletzsee ≤

Ist das eine Fototapete? Nein, das ist das Umland von Angermünde, in dem die Zeit – und der Puls – stehen geblieben ist. Das Naturerholungsgebiet Blumberger Mühle und eine ganz besondere kulinarische Wanderung am Wolletzsee bieten alles, was man für eine romantische Auszeit in der Natur braucht.

#gelockteRinder #Käsehimmel #Seegeflüster

Klare Luft und strahlende Farben: Der Winter zeigt sich im Naturerholungsgebiet von seiner schönsten Seite.

Los geht's dort, wo Angusrinder beseelt ihr Heu verputzen und sich durch nichts aus der Ruhe bringen lassen: am Gut Kerkow, das es schon seit dem 18. Jahrhundert gibt. Damals noch alt und traditionell, ist es heute ein hipper Ort, an dem biologische Landwirtschaft großgeschrieben wird.

Der Pflasterweg neben dem Gut führt direkt ins Grüne. Nach etwa zwei Kilometern zu Fuß wird das Naturerholungsgebiet Blumberger Mühle sichtbar. In dem riesigen Areal aus Schilfgängen und weitläufigen Fischteichen vergeht der Nachmittag viel zu schnell. Immer wieder kann man kleine versteckte Wege entdecken, einen Pitstop auf einer der vielen Bänke einlegen oder einen Schluck vom frisch gebrühten Fair-Trade-Kaffee in der wärmenden Wintersonne genießen.

Wenn sich die Natur langsam in ein romantisches Sonnenuntergangsorange hüllt, geht

Tierisches Vergnügen im NABU-Erlebniszentrum Blumberger Mühle.

Kurz die Akkus aufladen, bevor es am nächsten Tag richtig aktiv (und lecker!) wird.

Am Morgen geht es mit dem Fonduewanderrucksack aus dem Flair Hotel Weiss nach draußen. Darin stecken viele regionale Leckereien und ein Kocher, der den Käse auch in der tiefsten Natur zum Schmelzen bringt. Das Ziel der Fonduewanderung: der Wolletzsee am Rande des UNESCO-Biosphärenreservats Schorfheide-Chorin. Start ist das Strandbad Wolletzsee, wo der 17-Kilometer-Rundweg beginnt. Von hier aus folgt man dem grünen Punkt auf dem weißen Quadrat zunächst entlang kleiner Hütten. Kurz dahinter geht es in den Wald und an den Picknickpunkt Adlerquelle. Auf einer Holzbank wird die karierte Tischdecke aus dem Fonduerucksack ausgebreitet, der Kocher angezündet, der regionale Käse geschmolzen und das Brot aus dem Ökodorf Brodowin (Eskapade #14) hineingetunkt. Nie, wirklich nie zuvor kann warmer Käse besser geschmeckt haben.

es weiter zum 25 Jahre alten Flair Hotel Weiss – ein echter Einheimischer. Nach einem Tag in der Natur hüpft man hier direkt ins Spa, das übrigens unter (quasi) freiem Himmel als echtes uckermärkisches Dorf konzipiert ist.

Picknicken mit Aussicht: Sieht aus wie Schweden, ist aber der 330 Hektar große Wolletzsee in Brandenburg.

Gestärkt geht es jetzt auf den Rundweg durch den Laubwald, über Wiesen und mitten hinein in das beschauliche Städtchen Altkünkendorf. Der Weg führt weiter und vorbei am Heiligen See und über die Welse bis nach Wolletz. Von Weitem kann man hier schon das Jagdschloss Wolletz erkennen, das den Weg in Richtung Strandbad Wolletzsee weist. Der Endspurt beginnt, das Ziel ist jetzt nur noch drei Kilometer entfernt. Und dann, wenn der letzte Schluck Wein aus dem Rucksack getrunken und die Sonne hinter dem Wald verschwunden ist, heißt es: noch mal tief einatmen und auf zur letzten Etappe!

Tipp: Die Flasche Wein aus dem Rucksack schmeckt besonders gut mit der weiten Aussicht, die sich vom Parkplatz am Strandbad Wolletzsee aus bietet.

Hin & weg: Mit der Bahn bis nach Angermünde. Die Orte sind mit den Bussen 462 und 452 verbunden, können aber auch erwandert werden.

Dauer & Strecke: Die Wanderung am Wolletzsee ist 17 km lang und dauert ohne Fondue 4–5 Std.

Beste Zeit: Ganzjährig. Besonders idyllisch jedoch im Winter, wenn die kalten Wanderhände vom wärmenden Fonduekäse auftauen.

Ausrüstung: Wanderschuhe, warme Kleidung, Kamera für unvergessliche Sonnenuntergangs-momente.

Wenn es Nacht wird: Das Fondueangebot kann man im Flair Hotel Weiss (www.flairhotelweiss.de) inklusive Übernachtung und Spa-Nutzung buchen.

SONST NOCH WICHTIG

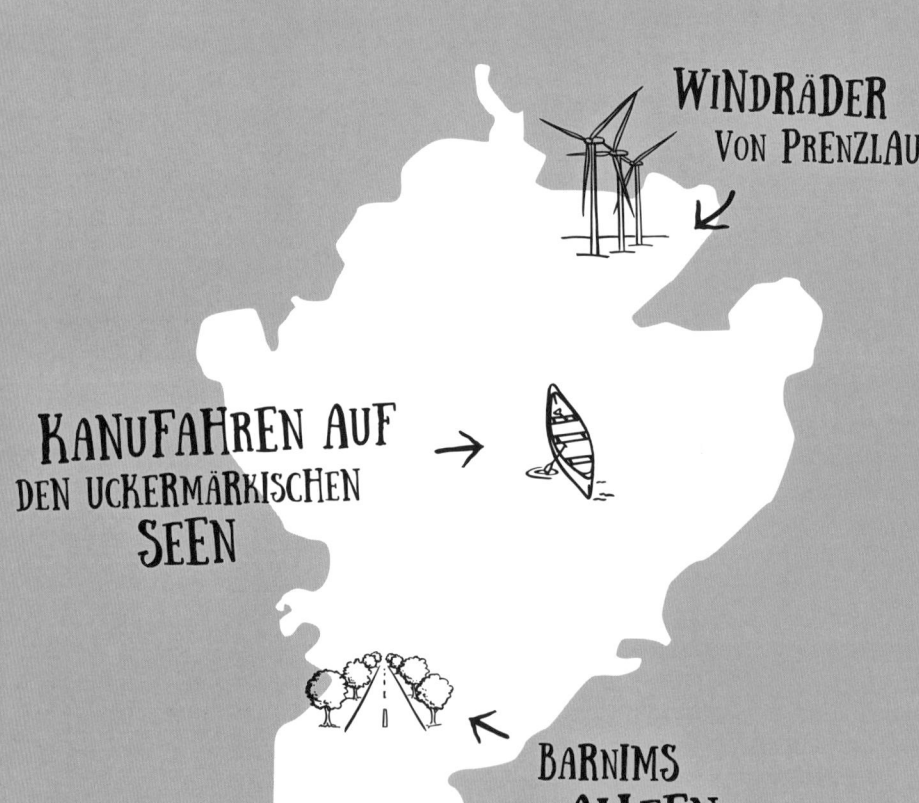

WINDRÄDER
VON PRENZLAU

KANUFAHREN AUF
DEN UCKERMÄRKISCHEN
SEEN

BARNIMS
ALLEEN

Ein- und Überblick

*Karten für den schnellen Überblick, prakti-
sche Tipps, mehr über die Autoren sowie
ein Ortsregister zum schnellen Nachschla-
gen gibt es auf den folgenden Seiten.*

GPX-Download aufs Smartphone – so geht's

<u>Voraussetzung:</u>
Eine Outdoor-App muss installiert sein, z. B. KOMPASS, Outdooractive oder komoot. Zum Einlesen des QR-Codes benötigen Android-Geräte eine QR-Code-App. Bei iOS-Geräten ist diese Funktion in der Kamera integriert.

<u>Daten downloaden:</u>
1. Den QR-Code einlesen oder die Webadresse im Browser eingeben, um auf die Eskapaden-Website zu gelangen.
2. Die gewünschte Tour zum Download anklicken.
3. Bei iOS-Geräten werden die GPX-Daten direkt mit der vorab installierten App verknüpft. Bei Android-Geräten muss ggf. noch ein Weiterleiten-Button geklickt werden (z. B. oben rechts im Display). Manche Apps zeigen den Tourverlauf starr an, andere verfügen über eine Navigationsfunktion.

Tourenverlauf

GPX-Daten zum
kostenlosen Download
www.dumontreise.de/
eskapaden/barnim-uckermark

short.travel/1vnrj

Auf den folgenden Seiten: Die Eskapaden im Barnim und in der Uckermark in drei Übersichtskarten. Die Ziffern stehen für die Eskapaden-Nummern.

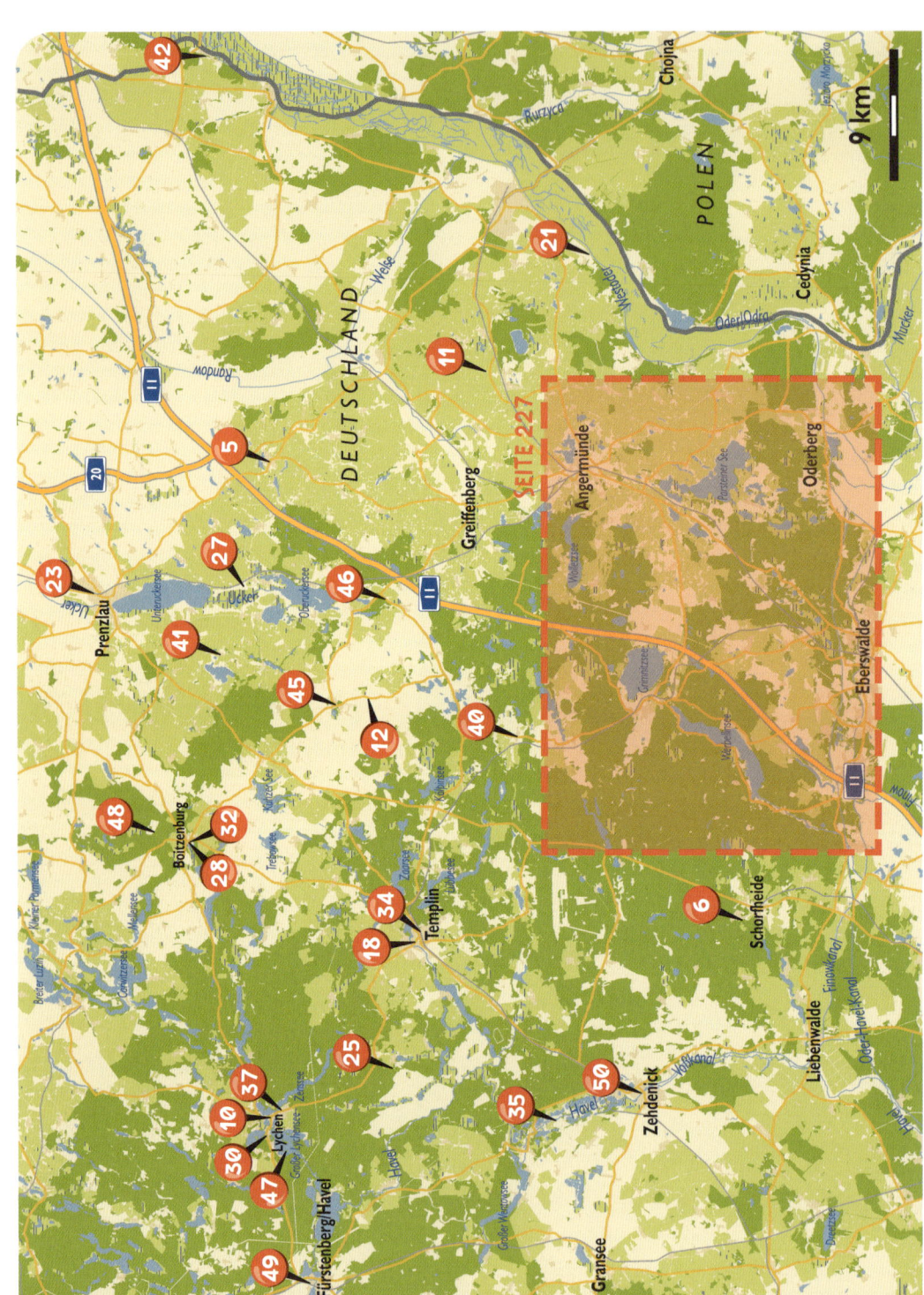

NOCH MEHR ESKAPADEN ...

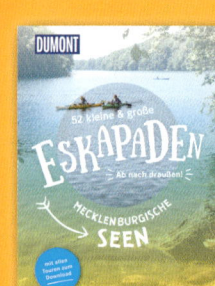

ISBN 978-3-7701-8084-4

ISBN 978-3-7701-8080-6

ISBN 978-3-616-11013-4

... erhalten Sie im gut sortierten Buchhandel und unter www.dumontreise.de

IMPRESSUM

Reihenkonzept Monique Sorban

Projektmanagement Svenja Heinle

Cover-/Buchgestaltung & Illustrationen Carolin Weidemann, Köln, www.weidemann-design.com

Layout & Satz Sieveking · Agentur für Kommunikation, München, www.sieveking-agentur.de

Lektorat Julia Gilcher, Mainz, www.wordsinflow.de

Texte & Fotos Anne Steinbach und Clemens Sehi, Berlin, www.travellersarchive.de

Kartografie © KOMPASS, Innsbruck, unter Verwendung von Kartendaten von OpenStreetMap, Lizenz CC-BY-SA 2.0

Printed in Poland

1. Auflage 2020
© 2020 DuMont Reiseverlag, Ostfildern
ISBN 978-3-616-11007-3

www.dumontreise.de

FSC
www.fsc.org
MIX
Papier aus verantwortungsvollen Quellen
FSC® C018236

love
Freiheit.

Weiterlesen

Mehr Infos zur Uckermark und zum Barnimer Land bietet der jeweilige Tourismusverband (siehe unten, Vor Ort im Netz). Aktuelle Broschüren und Magazine liegen in den Touristeninformationen aus, die man in größeren Städten wie Templin oder Lychen findet. Lust auf die Schorfheide macht aber auch das Magazin »Kultour«.

Geschmacks-sachen

Den leckersten Saft aus uckermärkischen Äpfeln? Den gibt es bei der Apfelkönigin im Boitzenburger Land (#28). Und sonst? Immer schön die Augen offen halten nach versteckten Fleischereien kleiner Dörfer wie Gramzow (#5) oder Bandelow (#23). Hier gibt es den allerbesten Proviant für unterwegs.

GUT ZU WISSEN ...

Sicherheit & Notfälle

Flache Landstriche sind perfekt zum Wandern und Radfahren. Beim Baden an unbewachten Badestellen ist Vorsicht geboten. Die Notrufnummer lautet 112.

Ohne Auto

Alle Eskapaden sind mit Bus und Bahn zu erreichen und können unter www.bahn.de einfach und schnell geplant werden. Ganzjährig verbindet auch der UckermarkShuttle den gesamten Landkreis: Auf beiden Touren, ab Templin (Tour 1) und ab Schwedt (Tour 2), können zeitweise auch Fahrräder mitgenommen werden (alle Informationen bietet www.uvg-online.com). Wer das Barnimer Land entdecken will, kann sogar teilweise im günstigeren VBB-Tarif mit der Berliner S-Bahn anreisen.

Vor Ort im Netz

Internet ist rar im Barnim und in der Uckermark – perfekt für eine richtige Auszeit. Am besten vorab informieren: auf www.reiseland-brandenburg.de, www.tourismus-uckermark.de und www.barnimerland.de

ESKAPADEN-REGISTER ...

⪦ Alle Orte mit Seitenverweisen ⪧

ANNE STEINBACH CLEMENS SEHI

... über die Autoren

Berliner Pflanze mit Inselwurzeln trifft es bei Autorin Anne Steinbach auf den Punkt. Dass die Uckermark und das Barnim zwischen ihrer Geburtsinsel Usedom und der Heimat Berlin liegen, bildet die perfekte Grundlage für dieses Buch. Die Reisejournalistin und Fotografin ist in der ganzen Welt unterwegs. Und doch ist das grüne Umland mit schillernden Seen und verschlafenen Dörfern für sie der ideale Kontrast zu quirligen asiatischen Märkten und der Berliner S-Bahn. Wo sie sich gerade befindet, kann man im Reisemagazin www.travellersarchive.de nachlesen.

Clemens Sehi betrachtet die Welt aus einem anderen Blickwinkel. Der Werbetexter, Autor, Reisejournalist und Fotograf bereist dafür am liebsten ungewöhnliche Länder und missverstandene Orte, deren Wahrnehmung er im gemeinsamen Online-Reisemagazin Travellers Archive (www.travellersarchive.de) ändern möchte. Wenn er nicht gerade in der Welt unterwegs ist, nutzt der Exilschwabe in der Hauptstadt seine Wochenenden dafür, ins Barnim und in die Uckermark zu entfliehen. Oder wie er es nennt: den schönsten Speckgürtel Deutschlands.

⋛ Bilderbuche ⋚

Eskapade #6: Da steht sie, die dicke Silke. Die majestätische Buche trotzt seit 300 Jahren so ziemlich jedem Eindringling. Über einen Besuch freut sie sich immer noch. Die Wanderung zu diesem Prachtexemplar führt durch wunderbar unberührte Natur.

⋛ Rauszeit ⋚

Eskapade #22: Kann etwas schöner sein, als im Sommer hinter raschelndem Schilf auf einem Steg am See in der Sonne zu brutzeln? Nur wenn man dabei einer urigen Fähre beim Hin- und Herschippern zuschauen kann. So wie der alten Frieda am beschaulichen Liepnitzsee.

5 BESONDERE EMPFEHLUNGEN ...

⋛ Im Windschatten ⋚

Eskapade #23: Für eine Radtour setzt man sich ein festes Ziel. Oder man hangelt sich von einem Windrad zum nächsten. Denn die Giganten der Lüfte gehören genauso zur Uckermark wie die knallgelben Rapsfelder um sie herum. Klingt nicht nur romantisch, ist es auch.

⋛ Hipsterwalde ⋚

Eskapade #45: Gerswalde statt Berlin. Die kleine Gemeinde ist mit ihrem jungen Flair ein echter Magnet für hippe Großstädter. Perfekt für ein Wochenende zwischen hübschen Lichterketten, japanischem Touch und Gin Tonic bei Sonnenuntergang.

⋛ Moosgeflüster ⋚

Eskapade #17: Einmal in die dunkle Vergangenheit Deutschlands eintauchen – im verwunschenen Wald rund um Carinhall. Hinter Farnen und Moos verstecken sich die Überreste der einstigen Protzvilla von Hermann Göring. Eine ganz besondere Geschichtsstunde.